インターローカル

つながる地域と海外

中 朋美・小笠原 拓・田川 公太朗・筒井 一伸・永松 大　編著

筑波書房

目　次

なぜいま「インターローカル」なのか？？ ... 1
1. 学生が海外に行く理由 ... 1
2. 大学教育と国際化―海外にでること・学ぶこと― ... 2
3. 「インターローカル」を仕掛ける ... 4
4. 本書の読み方 ... 7

第1部　インターローカルを語る ... 9
1. AYFからみるグローバルとローカルの関係（ケイツ A キップさん） ... 10
2. インターローカルに交錯する「地域への想い」（藤田 充さん） ... 15
3. 団塊の世代が実践する海外との二地域居住（永山正男さん） ... 20
4. 人との出会いから海外協力隊へ（山崎香葉子さん） ... 25
5. 海外研修を機にインドネシアで働く（伊藤紀恵さん） ... 29
6. 海外の現地体験で磨かれるインターローカルな感覚（百崎太郎さん） ... 33

第2部　海外の地域を体験する ... 37
1. 学び ... 38
   - （1）シティウォーク―北米の街を歩く― ... 38
   - （2）フィールドワーク―森を調べよう― ... 40
   - （3）岩石から地球を知る ... 42
   - （4）地形をみる眼―比較の眼を持つことでより楽しく― ... 44
   - （5）海外でエネルギー利用の現場を調べよう ... 46
   - （6）海洋ゴミを考える ... 48
   - （7）海外で日本にルーツのある人と話す ... 50
   - （8）むらびとに聞く ... 52
   - （9）断食は幸せ？ ... 54
   - （10）"頭の中の地図"を見てみよう！ ... 56
   - （11）プチ留学―現地の授業に参加する― ... 58
   - （12）プレゼンテーション体験 ... 60
2. 生活 ... 62
   - （1）人々が交わる食堂 ... 62
   - （2）「食」という手がかり ... 64
   - （3）みだしなみ ... 66
   - （4）トイレから見える風景 ... 68

（5）チップをわたす …… 70
　　　（6）SIMカードは語る …… 72
　　　（7）危機管理 …… 74
　　　（8）体調管理を万全にして海外での活動を充実させよう …… 76
　　3．交流 …… 78
　　　（1）話す・あいさつする・仲良くなる …… 78
　　　（2）ホームステイの効用―「自分」を振り返るために― …… 80
　　　（3）学生アパートに泊めてもらう …… 82
　　　（4）学生同士の同世代の遊び …… 84
　　　（5）ムラでの交流会 …… 86
　　　（6）時間を再考する …… 88
　　　（7）土産を介したコミュニケーション …… 90
　　4．「海外の地域を体験する」ために …… 92

第3部　インターローカルな思考のススメ …… 95
　　1．海外留学のススメ―ドイツ― …… 96
　　2．日本留学で得たもの …… 102
　　3．ヨーロッパの学校で社会を見る …… 108
　　4．英国のものづくり研究のすすめ―広がった人脈と知識― …… 115
　　5．『出川イングリッシュ』とその系譜 …… 122
　　6．文学の舞台となった土地に立ってみること …… 128
　　7．訪れた土地の人が何を食べているかを知るために …… 134
　　8．海外に展開する企業 …… 140
　　9．過疎への挑戦をベトナムで …… 146

インターローカルを語る新たな「知」 …… 151
　　1．インターローカルの時代における大学の役割とは …… 151
　　2．「知」をめぐるパラダイムシフト …… 151
　　3．「裸の王様」としての大学 …… 154
　　4．「相互地域学（Inter-local Studies）」としての「地球地域学」構築に向けて
　　　 …… 157

あとがき …… 160

なぜいま「インターローカル」なのか？？

1．学生が海外に行く理由

　ある授業で、学生たちが自らの海外短期留学プログラムの体験を下級生にプレゼンテーションしていたのを聞いていて、ハッとさせられたことがある。発表を通じて「彼らは『海外』に対して、私たちとはかなり異なった感覚をもっているのではないのだろうか」と強く感じたのだ。というのも、彼らが挙げたプログラム参加の理由が「自分自身のあり方を変えたいから」というものだったからである。同じ授業で、地方の離島を訪れるプログラムに参加した学生が行ったプレゼンテーションでも同様の理由が述べられていたことも印象的であった。つまり、こう感じたのだ。「ひょっとして学生たちは、海外だろうが国内の離島だろうが山間部の過疎地だろうが、場所はあまり関係なく、むしろ移動することによって見える『自分自身の変化』に最も深い関心を払っているのではないだろうか？」

　鴎外や漱石の例を挙げるまでもなく、明治以降、おそらく1950年代頃までは、留学生たちは少なからず「国家」のようなものを背負い、海外へと向かっていたと考えられる。海外に出ることは、自分自身の問題というよりは、国家事業の一端であり、国家の進歩発展のために、自らがその礎になるというような意識がそこに働いていたことは想像に難くない。いわば海外留学は国家から与えられた使命であり、留学生は自らに課せられた使命を果たすために、海外に渡っていたという側面が少なからずあったと言えるだろう。

　一方、1960年代頃から筆者が学生時代を過ごした1990年代頃、海外がより身近なものとなった時期はどうだったであろうか？　筆者（小笠原）自身の個人的な体験をもとに語ることが許されるならば、当時の学生たちは単純に「人が行ったことのない場所」に行くことをステータスとして捉えていた部分が大きいのではないかと考えている。学生が海外に出る際の一般的なイメージも、留学といった大上段に構えたものではなく、むしろ度胸試しのバックパッカーを体験するとか、自由に使えるお金と時間があるうちに手軽なパック旅行で海外有名スポットを回

るとかいったことへと変化していった。使命というよりは、「ステータス」や「人と差をつけたい」という思いを実現するための、消費活動の一端と海外が捉えられる側面が大きかったというのが実際のところではなかっただろうか。

　冒頭に述べたような、学生たちの「自分自身への関心の深さ」は、一見、「内向き」と捉えられるかもしれない。しかし、「国家からの使命」に縛られることもなく、「ステータス」や「人に差をつける」ことに囚われてもいないという点で、実は、最も「外部」に開かれているのではないだろうか。学生のプレゼンを聞いていて印象に残った点もそこにある。ほんの２週間程度のプログラムを通じて、私たちが学生時代に漠然と抱いていた海外のイメージや所謂「旅行ガイド的」な知識を軽々と飛び越えているように感じられた。彼らは、レディメイドな「海外」にさしたる興味を示すことはない。しかしだからこそ、学生たちが現地の世界に浸り、現地の人々の心に直接触れているように感じられた。

　筆者（小笠原）自身の学生時代と比較しても、今の学生たちにとって「海外」は最早特別な場所ではなく、「海外」に行くことそれ自体は、さしたるステータスにもならなくなっている。しかしそれは、与えられた「海外」というフィルターから自由になり、それぞれの行き先がもつ「場所」の魅力をより自然体で感じることができる条件が整ったということでもある。若者たちの「内向き志向」は「海外」を知る上で障壁となるものではなく、むしろチャンスなのではないか。このチャンスをどう活かせば良いのか、問われているのは学生ではなく、教員の側の意識なのかもしれない。

2．大学教育と国際化——海外にでること・学ぶこと——

（1）海外にでること・学ぶこと

　大学やその他の高等教育の場において国際化の必要性が説かれていることが多い。文部科学省のスーパーグローバル大学創生支援や経済社会の発展を牽引するグローバル人材育成支援事業などがその例だ。経済や社会事情が急激に変化している中、日本を越えて活躍できるような教育体制づくりに力がそそがれている。もちろん、こういった流れは日本だけのものではない。カリキュラムや留学生の受け入れを増やす以外にも、いろんな取り組みが世界各地で行われている。カー

ネギーメロン大学カタール校といったように、もともとアメリカにあった大学が国を越えてキャンパスをもっている例もある。また2011年にできたイエール・NUS大学のように、有名大学が国を越えて新たな大学を作った例もある。

　高等教育において海外経験やグローバルな視野が重要視されたのは最近のことではない。17世紀ごろから見られるグランドツアーもそういった海外で学ぶことの重要性が認識された例だろう。当時のイギリスの裕福な若者たちは、それまでの学びの総まとめをすべく、ヨーロッパ各地をめぐり見聞を広めた。伝聞や書籍からのみの知識だけではなく、実際に異国に行って、現地で体験することによって学ぶことが重要とされたのだろう。

　このようなグランドツアーは、経済的な負担が大きく、実際に参加できる人には制限があった。だが20世紀の半ばごろから、交通手段の発達と国によっては経済的に余裕のある中間層の増加に伴い、現代版グランドツアーともいえるスタディーツアーや海外研修が各地の教育機関で登場してくる。

　日本の例を挙げると、1980年ごろからいろいろな非政府組織や非営利組織が主体となってスタディーツアーが実施されるようになった。ツアーで、自分たちの海外での活動をよりよく知ってもらい、サポーターになってくれる人を増やそうという趣旨で、案内役のスタッフとともに訪問する形式の旅行が主だった[1]。また当時の社会背景としては、比較的経済力が伸びており、海外旅行をするだけの余裕を持つ人が増えたこと、また日本企業の海外展開も盛んとなっており、海外の社会を知る必要性を感じることが多くなったことがある[2]。その後、大学といった教育機関がそういったスタディーツアーと連携した研修を始めたり、独自の研修を始めたりするようになった。

　そういった動きに伴い、教育機関において、制度的な国際化が進む。多くの大学では、海外の大学との協定を結んで、学生間での短期、長期の交流や教育を正規のプログラムと連動させるといった取り組みがなされている。以前は所属していた大学を休止して海外で学ぶことの多かった留学が、よりスムーズに日本の大

---

(1) 藤山一郎（2011）「海外体験学習による社会的インパクト―大学教育におけるサービスラーニングと国際協力活動―」立命館高等教育研究11、pp.117-130。
(2) 古市憲寿・本田由紀（2010）『希望難民ご一行様―ピースボートと「承認の共同体」幻想―』光文社新書。

学教育の中に取り込まれるようになっている。海外で学んだ経験はもはや「小休止」ではなくむしろ「前進」としてとらえていこうとする。

（2）海外と地域

　グランドツアーに行った若者がやがて自分の国に戻ることが期待されていたように、海外で学ぶということは必ずしも海外に住む、移るといった限定的なコスモポリタンを意味するのではない。むしろ外にでることによって、新たな視点を獲得し、今までの考えを修正したり、発展させたりすることができることこそが高等教育の学びとしての重要な要素なのだろう。第2部、3部を中心に、海外に出たことで学んだことが、さまざまな具体的な経験話を交えながら紹介されている。そういった例にあるように、海外に出た体験は自分や身の回り、そしてそれを取り巻く地域や社会についての視野を広げ、考察を深めることにつながる。海外にでることは、地域や社会、文化といった今まで当たり前と思っていた事柄について、別の角度からとらえなおし、理解を深化させることと深くかかわるものだともいえる。

3．「インターローカル」を仕掛ける

（1）インターローカル志向の教育プログラムの実践

　日本国内の大学に目を向けると、教育・研究・社会貢献のあらゆる面で地域志向の動きが活発化している。それは地域学系学部の新設ばかりではなく、「地（知）の拠点整備事業（COC）」やその発展版である「地（知）の拠点大学による地方創生推進事業（COC＋）」など全学的な取り組みが進められている[3]。その背景には地方創生など昨今の政治・社会動向もさることながら、もっと大きな近代化以来の時代（社会）の変化の転換が背景にあると考えられている[4]。その一

---

(3) 藤井正（2016）「大学と地方圏の未来」地理科学71（3）、pp.80-89。
(4) 柳原邦光・光多長温・家中茂・仲野誠編著（2011）『地域学入門—〈つながり〉をとりもどす』ミネルヴァ書房。
(5) 第1回実践的な職業教育を行う新たな高等教育機関の制度化に関する有識者会議（2014年10月7日）。

方で、文部科学省の有識者会議[(5)]で提案がなされた、グローバル人材を育てる「G（グローバル）型大学」とそれ以外の人材を育てる「L（ローカル）型大学」の区分など、人材育成の上での海外志向と国内志向の分化が進んでいるように思われる。ワカモノの内向き志向という昨今の状況も相まって、国内志向のワカモノが海外に目を向けるチャンスを摘みかねない状況でもある。

　このような課題に対して、本書の編者らが所属する鳥取大学地域学部はいち早く着眼し、本書のタイトルでもある「インターローカル」という視点を提示しつつ、内向き（国内）志向の学生を海外に目を向けさせる取り組み（海外フィールド演習）を2010年から行ってきた。それは国内の地域において地域調査のスキルを習得した学生に海外での地域調査の機会を提供するプログラムであり、海外の「地域」を観察・比較し、その地域の諸課題や地域資源を理解することに力点をおき、現地教員による講義とエクスカーション、そして入門的な調査を中心としたものである。その背景の一つとして地域を見つめる目の複眼化と「地球地域学」という発想の醸成の必要性があった。

　近年、「東アジア」、「北東アジア」、「環太平洋」等の地域をキーワードにしてアジア諸国との関係が密接になってきている。鳥取大学が所在する鳥取県においても、環日本海地域の自治体における海外姉妹都市との政策交流や観光誘致、小・中・高校やNPO団体等での文化交流、教育交流や環境保全活動、アジア地域に工場を持つ企業におけるアジア人向け技術研修など、様々な分野、形態、規模での国際交流や国際協働活動が頻繁に行われている。一方で、人口増加、経済格差、黄砂や海洋ごみの漂着などアジア諸国の広範囲にわたる地域課題に対する共通認識も深まっており、その解決に向けて国際的な共同調査や共同研究が実施されている。

　こうした社会状況を背景にして、海外の地域課題の解決や地域発展に向けた諸活動を、その地域の関係機関や人々と協働して実践し、その地域の再生や発展に貢献する、「インターローカルな活動」ができる協働人材の重要性が高まっている。

(2) インターローカルとは??

　ところで"インターローカル（Inter-local）"という言葉は造語である。我々編者の中でも2010年頃から議論の中で使用してきたが、同時期にいくつかの文献で

もみられるようになっている。例えばグローバルの対抗軸としての農村間連携においてそのローカルな英知を対等の関係で連携していくことを提唱したもの[6]がある一方、山口県立大学では2014年7月に「ここから始まる私の地球―インターローカル人材が拓く未来―」というテーマのシンポジウムが開催されている。そこでは「違いの中を生きる」、「違いの境界領域」など異なったものの間に引かれた境界線を越えて、世界の地域と日本の地域を繋げて共通する課題の解決に努める人材として「インターローカル人材」の育成の議論がなされている。しかしながら報告論文[7]において"インターローカル"という言葉が出てくるのは二回だけであり、結論部分では「国際（文化学）」の議論に入っていく。結局のところ、この二つの議論から見えてくることはグローバルやインターナショナル（国際）との対比としてインターローカルを位置付けようとしている点である。

　グローバルとインターナショナルという言葉も多義的であり、ともすればあいまいで、とらえどころのない概念となってしまうことが多い。だが、いくつかの共通する特徴があげられる。グローバリゼーションについては、モノやお金、人、そして考えが加速度的に往来する社会の様子を一般に指すとされる。例えばそれは、資本や市場の流動性といった形や、飛行機等による人々の移動がより頻繁に行われること、さらにはインターネットといったツールによる飛躍的な頻度やスピードで行われるコミュニケーションのやりとりに現れることがある[8]。そしてそういった流れや行き来には文化的、社会的な要素が複雑に絡み合う。サッセンが指摘するように、その影響は時に従来とは異なったインフォーマルなルート

（6）細野賢治・岩崎真之介・八島雄士・李只香（2013）「農山漁村再生戦略の構築にかかる「インターローカル」の視点―地域シンポジウム「民泊・体験型修学旅行のいま、これから。」を事例に―」日本マネジメント学会全国研究大会報告要旨集68、pp.43-46。
（7）セリグマン アダム・安渓遊地・安田震一・シャルコフ ロバート・斉藤理（2015）「ここから始まる私の地球―インターローカル人材が拓く未来」インターカルチュラル13、pp.26-49。
（8）Edelman, M. and Haugerud, A.（2005）. Introduction: The Anthropology of Development, and Globalization. In Edelman, M. and Haugerud, A.（Ed.）, *The Anthropology of Development and Globalization: From Classical Political Economy to Contemporary Neoliberalism*（pp.1-74）. New York: Blackwell.

からもたらされたり、意図せざるものであったり、心理的なものであったりする[9]。

このような往来は、決して今始まったことではなく、また流れ自体を完全に止めることは難しい。だが、それをどのように認識し、受け止め、かかわっていくのかについては、さまざまに考えていくことができる。インターナショナル（国際化）という言葉は、大きく言えば、モノや人、アイディアが頻繁に往来する状況に対応する主体として、国家、特に近代的な国家に着目していく見方かもしれない。例えば、高等教育について広田が述べるように、教育の国際化は、国家が自国の教育制度において、学生がグローバルな状況下で生きていくための準備としての教育をする意味あいが強い[10]。

一方、本書でのインターローカルは、地域学という本来であればグローバル、ナショナル、リージョナル、ローカルという地域の空間的多層性を意識しなければならない学問を学ぶ学生でありながら、その実際の関心はローカルな地域に意識が偏りがちな学生を念頭に置いて、前述の通り海外を意識させる（国境を越えさせる）ことを目的に導入した経緯がある。したがって、本書において説く「インターローカル」な思考とは、身近な国内のローカルな地域（生活空間）と海外のローカルな地域を複眼的に見る視点を獲得して、身近でローカルな地域を見つめなおすことを基盤とした思考と位置づけてみたい。

4．本書の読み方

以上のように本書の着眼のベースには鳥取大学地域学部での取り組みがあるが、本書はその報告書ではない。本書ではグローバルでもインターナショナルでもない、第3の海外への入口としてインターローカルを目指すために必要な様々なノウハウの紹介を行う。そのノウハウは、様々な立場の人々の海外経験の中から見出すこともできるであろうし、専門のテーマを通して海外との接点を探ってみる

（9）Sassen, S. (January 18, 2002). Globalization After September 11. In *Chronicle of Higher Education*, pp.B11-14.
（10）広田照幸（2013）「日本の大学とグローバライゼーション」吉田文編『シリーズ大学1：グローバリゼーション、社会変動と大学』岩波書店、pp.43-71.

ところからもそのヒントを得ることができる。もちろん、編者らが中心となって行ってきた「海外フィールド演習」という教育プログラムの立案や実践を通して得てきたノウハウも重要な視点であると考えており、それらを読者の皆さんにお伝えすることを目指している。特に、海外に足を踏み出したいが踏み出せない国内志向の学生諸君をはじめ、広がりつつある地域系学部や地域貢献プログラムにおいて海外への展開を目指す大学関係者にぜひとも手に取って読んでみていただきたい。

　本書は最初から読み進めていく必要はない。例えば何らかの関心分野とインターローカルとの関係を読み解きたいのであれば第3部から読むことをお勧めする。第3部では学校教育や地域教育、文学や食文化、地域企業と過疎問題などを切り口に海外との関係やインターローカルという視点を提示するため、これら特定の関心事項があるが海外には目が向いてこなかったみなさんにお届けをしたい。一方、実際に海外での活動プログラムを目指している方々には、第2部の必要な部分から読むことをお勧めする。実際に海外での活動を行う際には非常に細かい悩みが次々と生まれてくるものである。第2部では活動の進め方から、期間中の生活、そして現地の人々との交流に関わる勘所をお届けする。

　また海外との実践的な関わりをすすめる方々からインターローカルという視点を導き出そうという観点にもとづいて、第1部は構成されている。それは若い世代の側面だけではなく、地域のNPOの視点、そして定年退職後の二地域居住、さらには日本に居住する外国人が見たグローバルとローカルの視点まで多様である。

　これら多方面からのノウハウ提供を本書は目指している。もちろんすべてでなくても構わない。これらの一部からでもインターローカルな思考を感じてもらえると編者としては幸いである。

〔中 朋美・小笠原 拓・筒井一伸〕

第1部 インターローカルを語る

　最近は、テレビ番組などを通じて、普通の人々が海外で学んだり仕事をしたりしている様子を取りあげられることも多い。しかし実はごく身近にも、実際に海外に住居を移したり、海外で働いたり、地元にいながら日本と海外を繋ぐ活動を行ったりしている人々は数多く存在する。第1部では、そういった人々がどのように「グローバル」と「ローカル」をどのように感じているのか、自らの体験を通じて具体的に語ってもらうことにした。

　第1章で取り上げたケイツ A キップさんは、1985年に鳥取大学に英語教員として赴任し、以後、様々な国際交流の場を大学の内外で企画・運営されてきた。活動の背景に、どのような思いがあるのか、また活動を通じて学生がどのように変容していったか、などについて聞いている。

　第2章の藤田充さんは、鳥取市東部の賀露という漁港を舞台に、自らの地域を豊かにする活動を通じて、海外との様々な繋がりを作り出してきた人物である。実際に海外に出ることはなくても、海外を感じ、海外と日本を繋いでいくことは可能であり、また必要であることが示唆されている。

　第3章の永山正男さんは、鳥取大学で教員生活を終えた後、タイのバンコクに住居を構え、鳥取とバンコクの二重生活を行っている。「セカンドライフとしての海外生活」は、今後の社会を考える意味でも重要なテーマである。

　第4章から第6章で取り上げた山崎さん、伊藤さん、百崎さんは、いずれも大学または大学院修了後に実際に海外で働き始めた若者たちである。海外を仕事場とするきっかけは様々であるが、大学時代の学びを生かしながら、現地の実態を正に肌で感じ、懸命に生きている姿を語ってくれた。彼らの言葉からは、現在の若者にとって、海外で働くことが決して非現実な夢ではなく、リアルで手触りのある目標となりうることを実感することができる。

　様々な形で「インターローカル」な世界を生きる人々の息吹を、その言葉の端々から感じ取ってほしい。

〔小笠原 拓〕

1 AYFからみるグローバルとローカルの関係
（ケイツ A キップさん）

〔中 朋美〕

（1）AYFとは

国と国との関係を想定した国際、インターナショナルという言葉に代わって、最近では、グローバルという言葉がよく聞かれるようになった。いずれにしろ、地域や国を越えた関係性を考慮していくことの重要性はますます高くなってきている。半面、そういった言葉が意味するものは抽象的になりがちで、具体的に何かつかみにくい点もある。ここで取り上げるアジア青年会

写真1 フィリピンでのAYF(2013年)

議（Asian Youth Forum、以後AYF）というアジアの青年が集う1週間のプログラムを立ち上げ、運営してきたケイツ キップさんからのお話はその点について参考となる点も多い。

ケイツさんは長年、教員として学生を指導してきた。1985年鳥取大学で英語教員として勤務を始める際、当時の学長から英語力の向上と、make students internationalと頼まれたそうだ。訳すると学生を国際的にするということだが、それがいったい何を意味するのか？ 学長の依頼なので大変重要と感じたそうだ。そういった取り組みの一つがAYFである。そのお話から伺えるグローバルとローカルの関係性についてみていきたい。

1999年から始まったアジアの青年を対象としたプログラムである。20代を中心とした若者が異文化理解、異文化コミュニケーション、グローバルな社会問題、リーダーシップなどについて意見交換し、交流を深める。ほぼ毎年アジアの各地

で開かれ、参加者は日本を含めマレーシア、ロシア、ベトナム、タイ、バングラデシュと様々な国から集まる。2016年は台湾で第15回目が開催された。AYFができるきっかけには様々なものがあるが、ケイツさん自身の経験が深く関係する。

(2) AYFの誕生

1990年代、アジア各国での外国語教育が盛んになるとともに学会等での研究や教育の交換が盛んとなった。それとともに、国を越えて英語学習に関しての交流の場の重要性が認識され始め、アジア地域の語学教育者の意見交換の場として、Pan-Asian Language Teaching Conference (PAC) が1997年から開催されるようになった。この会議は語学教育者を中心としたが、ケイツさんは学生もそこに参加させたら、

写真2 フィリピンでのAYFの様子（2013年）

英語を使ってお互いの異文化理解も深まるのではないかと考えた。そこで提案をPACで持ちかけたのが直接的なAYFの始まりである。反応はよく、ケイツさんが中心となりその他の協力者の助けを得ながら、1999年に韓国ソウルで最初のAYFが開催され、9か国から45人の若者が参加した。

これがAYFの始まりの直接的なきっかけだが、そういったフォーラムをそもそも思いついた背景にはケイツさん自身の体験が深くかかわっている。一つ目は、ケイツさんの母国カナダでの体験である。カナダはフランス系かイギリス系かといったルーツが重要で、当時のカナダ政府は国として相互の文化や言語などの理解を深めようという理念のもと、青年交流のためのサマープログラムを開催していた。イギリス系カナダ人のケイツさんは当時ブリティッシュコロンビア大学でフランス語を専攻しており、このプログラムに参加したそうだ。そこでは、スポーツやイベントを通じて、いままでは直接出会うことがなく、お互いの文化や背景もあまり知らなかった若者たちが出会い時を過ごした。そういったことからお互いの言語や異なった文化や社会の理解を深める体験をしてみて、そういった交流

の可能性を感じたと振り返る。

　加えて、その後の国際的な交流キャンプのスタッフとしてヨーロッパで働いたことも重要な体験だった。大学を休学し、世界各地をめぐっていたケイツさんは1977年、スウェーデンで行われたヨーロッパの青年のためのキャンプでカウンセラーとして働くこととなる。具体的な仕事は、2週間ごとにキャンプ地にやってくるヨーロッパ各地の学生のお世話役である。列車で到着する若者を現地まで案内し、日々のイベントなどを計画し、実施する。この繰り返しが仕事内容だった。

　ケイツさんは、キャンプを主催しているドイツ政府の思いに強く印象を受けたと語る。キャンプの目的は、ヨーロッパ各国の若者が単に楽しく時間を過ごすことだけではなかった。若者が直接出会い、一緒にさまざまな体験することによって、各自が持っている偏見を見直し、世界大戦のような惨事を繰り返させないようにすること、そしてヨーロッパの市民としての意識も持ってほしい、そういう大きな意図がキャンプ実施の背景にはあった。今でこそEUといったヨーロッパ共通の枠組みがあるが、当時はそういった国を越えた地域的なつながりに対する考えはそれほど広まっていなかった。そういった中で国を越えた交流のもつ、将来的な発展性を感じることとなる。

　鳥取での体験もAYFの誕生とかかわる。ケイツさんはイギリスでの修士課程を終えたのち、ヨルダンでの英語教員を経て鳥取で大学教員となる。ここでは、冒頭にあった学生をインターナショナルにといった願いのもと、鳥取大学と韓国の忠南大学との文通交流プログラムを始める。1990年代初めのことである。当時、日韓の交流は今と違っていた。今のようにそれぞれの国を観光などで訪問する学生もそれほどおらず、日韓の直接的な出会いの機会はあまりなかった。そこで、英語を共通語として大学生間で文通をするプログラムを数人の教員とともに始めることとなる。

　そして、1年後にはそれを一歩進めて、学生自身が韓国にわたり、文通相手を訪ねるスタディーツアーを実施する。そこでケイツさんは、もう少し多面的にお互いを知ってもらおうと、独立記念館訪問を組み入れ、学生が過去の歴史について考える機会を提供した。学生は、現地での主な共通言語であった英語を使いながら一生懸命に意思疎通を行った。最初はホストファミリーの中には知らない日本人を受け入れるのには抵抗があった人もいた。だが、双方の学生の努力もあっ

て、無事に終了し、ホストファミリーの中には日本人観が少し変わったというケースもあった。

　当時、英語圏でない韓国にいっても英語力向上にはつながらないのではといった声もあった。しかし実際に英語でのコミュニケーション体験は、国際的な共通語としての英語に直接触れる機会となり、またそこで英語を用いるという実践力を付けた学生が多かった。また中にはその後も連絡を取り合い、お互いそれぞれの家庭を持つようになった現在でも行き来がある学生もいる。このことも、若者が直接会ってともに活動すること、そしてそれをアジアの地域ですることの可能性を追求する契機の一つとなった。

（3）MovementとしてのAYF

　こういったケイツさんの体験から誕生し、発展してきたAYFは一週間だけの単なる楽しい交流のみではない。ケイツさんによると、コンテキスト（文脈、状況、場）の提供とともに、目的も重視している。具体的には、AYFでは自分の国や問題についての再認識と、他国や異文化に対する認識の再評価や偏見と向き合う機会が組み込まれている。宿泊も含め常にほかの国の人と顔を突き合わせて過ごすので、楽しいことも大変なこともそれなりに対処していく必要がある。また共同での作業も多い。例えば、AYFはPACと関連して開催され、そこで学生たちは、たくさんの語学教育者を前に、パネルの形で異文化理解や英語教育などについて、何らかのプレゼンテーションとしてまとめる作業がある。

　そういった場を通じて、今まで思っていたことが的外れであることに気づいたり、思ってもいなかったことに遭遇したりする。例えば、AYFの活動中には自国の文化や問題についての発表がある。自分の「国」を考えることで、それに対する自分なりの立ち位置を確認し、説明し、それに対する他者の意見に対応するプロセスが入ってくる。そう言ったことを通じて自分の偏見に気づくことが重要であったり、今まで自明のものとして振り返りもしなかったアイデンティティーを考えてみたり、「国」を越えた枠組みをベースとした自己のとらえ方を考えるきっかけとなることもある。AYFは「アジア人」的なとらえ方があることを感じ、他の青年たちとのつながりを考えていくプロセスとしての場となりうる。

　またPost-AYF CommitmentsもAYFでは組み込まれている。AYFではその最

終日にAYFでの体験をもとに自分が実際に何をするのかを宣言するセッションがある。具体的に参加者が取り上げるものはさまざまである。だが、参加者の前で述べることによって、AYFで得たものを次のステップへと移すプロセスを開始できるようになる。参加者の中にはケイツさんが想像していなかったレベルで行動を始める者もいる。

タイで開かれたAYFに参加したベトナムの参加者の例などがそうだ。彼女は当時17歳で、ほかの参加者より若く、少し心配をしたそうだが、彼女はその後、ベトナム国内で同様のフォーラムを自分で立ち上げたそうだ。このほかにもバングラデシュの参加者も自分たちのフォーラムをさまざまな人の支援を得ながら立ち上げたことがあるそうだ。

このほかにも国を越えて働いている参加者もいる。例えば、日本からの参加者の中には、JICAの職員として南スーダンで働いている人やパキスタンのNGOで活躍している人がいる。フォーラムをきっかけに、自分なりのかかわり方を続ける参加者の姿がうかがえる。

こういったことも考えると、AYFは開催される一週間だけで完結する会議ではない。むしろスタートとしてのフォーラムであって、その後もつづく、長期的なプロセスともいえる。ケイツさんは、そのような場として、そして、人や思いをつなげるネットワーク的な広がりを持ったフォーラムであると語る。

今後もできればこういった機会を提供し続けたいとケイツさんは語る。そして、例えば中東、カリブ海といったほかの地域でも同じような青年フォーラムができていくといいと語ってくれた。

2 インターローカルに交錯する「地域への想い」(藤田 充さん)

〔永松 大〕

(1) 田舎にはおもしろいことがころがっている

「地方創生」がいわれて久しい。2014年には、有識者らでつくる日本創成会議・人口減少問題検討分科会が、2010年から2040年の30年間に若年女性が半数以下に減少する自治体「消滅可能性都市」が全国で896市区町村(全自治体の49.8％)に達するとの推計を公表し、社会に衝撃を与えた。減少の主因は少子高齢化にともなう日本全体の人口減少ではあるが、推計には大都

写真1 賀露おやじの会で活動報告をする藤田さん(2016年12月)

市への人口移動、単純化すれば東京一極集中が色濃く影響している。人口急減を緩和し、地域社会を維持していくためには、地域の力を維持・底上げして人口流出を止めることが必要である。そんな危機感から、市民の協働により持続可能な地域をつくろうとする動きが各地で盛んになってきている。

特定非営利活動法人(NPO)賀露おやじの会の理事長、藤田充さんは鳥取市でさまざまな地域活動に奔走されている一人である。「おやじの会」の活動についてご本人は、「そんなたいそうな見通しはない。おもしろそうなのに誰もやらないことを背伸びせずにやろうとしているだけ」とそっけなくお話になるが、いまや地域になくてはならない人である。「田舎の生活のほうがずっといい。ここにないものは自分たちでつくればいい」とお話になる藤田さんは、地域にしっかりと根を張った活動をされている。では海外への関心はというと、実は会議の場でもお酒を飲んでも、そんな話をされているのは聞いたことがない。海外渡航も数年前に観光で韓国に行ったきりとのこと。藤田さんの活動に、海外とのかかわ

りなど皆無にみえる。そんな藤田さんもインターローカルに海外の地域とつながっている、というのがこの稿の主題である。以下、日本とドイツ、インターローカルに交錯する藤田さんの「地域への想い」について紹介する。

(2)「地域の魅力」をほりおこす

「今日は私の家からここまで、信号に止められることなくやってきました。」東京赤坂の会議室、藤田さんの声が響く。「東京に来るのはそれくらい簡単になった。」鳥取市賀露の藤田さんのお宅は鳥取空港に近く、裏道を使えば信号を通らずに空港の駐車場まで車でたどり着ける。飛行機に乗れば70分で羽田である。「便利になったぶん、こどもたちがみな東京に出て行って帰ってこない、というのが地方の現実」、財団からの助成を得て、賀露おやじの会が立ち上げた「木育研究会」、全国から集められた委員を前にあいさつが続く。木の良さを伝える教育をめざした研究会ではあるものの、田舎の良さをこどもたちに伝えたい、との思いが端々ににじむ。

設計事務所を営む藤田さんの地域活動は、1997年、地元賀露小学校のこども会活動で「科学遊び広場」を開催したことがきっかけだったという。日本海に面した古くからの漁港、賀露で、父親たちが、大工、造船、鉄工、漁業などそれぞれの技能を活かして遊びを取り入れた科学実験教室に取り組む中で、活動の輪は自治体、地元企業、大学を巻き込んで地域外に広がった。自分たちの活動を広く発信し、ともに考え行動していくことの重要性を感じて2002年にNPO法人を設立し、藤田さんは理事長となった。ネットワークは全国に広がり、活動は幅広く発展していった。地元で人を集める催しの多くに「賀露おやじの会」が関わっており、鳥取県内で最も活動的なNPOのひとつとして、鳥取の人みなが知る存在となった。

精力的に活動する藤田さんを突き動かすものは何か。「地域の魅力を伝えてこどもたちを鳥取に残したい、ゆくゆくは自分を介護してもらいたいから」と、本気とも冗談ともつかない口調で質問は笑い飛ばされた。だが藤田さんの3人のお子さんは一度はみな親元を離れている。現在のところ一人は鳥取にUターンされたが2人は出ていったままである。それどころか息子さんはオーストリアの在で、ザルツブルクでオペラ歌手として活躍されている。自身には音楽の素養はない、と多くを語らないそのすがたの中に、きっとお子さんの才能を育てるカギや地域

活動のつきぬ源泉をお持ちなのだろう。鳥取に残したいのは実のお子さんに限らない。地域の構成員みなが、藤田さんにとっての「こどもたち」に違いない。

(3) インターローカルに交錯する「地域への想い」

ドイツ南部、バイエルン州オストアルゴイ地方にレッテンバッハ（Rettenbach am Auerberg）という小さな村がある。標高およそ800m、なだらかにうねってアルプスへと続く、森と牧草地に囲まれた人口800人ほどのこの村が、藤田さんと共鳴し、インターローカルにつながる「田舎」である。まずはこの村が登場する経緯から紹介する。

藤田さんのご自宅には薪ストーブが入っている。今から25年も前に設置されたものだそうで、先だって建築設計を請け負ったレクリエーション施設で、中核となるログハウスに薪ストーブを導入した経験がきっかけになったという。当時まだ国内では珍しかった薪ストーブの導入には多くの苦労があったが、それを吹き飛ばす魅力に触れて、後日独立して事務所兼用の自宅を新築される際に、迷わず設置されたと伺った。

薪ストーブには、計画的な薪の確保が必要になる。コストパフォーマンスを考えれば、できるだけお金のかからない調達先を確保し、自ら手をかけて薪にすることが必要となる。かくして、賀露という古くからの漁港に拠点を構えたはずの藤田さんに、山仕事とのかかわりができていくことになった。

森林資源は、日本の中山間地域が持つ利用価値の高い地域資源である。しかし現実には、高度成長期の社会経済状況の変化にともなって経済価値が失われ、苦労して植えた人工林は管理がおろそかにされて、「山は荒れるにまかされた」状態にある。藤田さんは薪を発端としてこのような中山間地の現実に直面し、たくさんの人を巻き込んでこれをなんとかしたいとの想いを募らせた。そんなとき、藤田さんの目の前に現れたのが、愛知県で矢作川水系森林ボランティア協議会の事務局長をしていた丹羽健二さんだった。2010年頃のことである。

藤田さんは丹羽さんに協力を求めた。丹羽さんはこれに応えて、2年間鳥取に拠点を構え地域の担い手養成に取り組んだ。減災をめざして地域の人工林の健全性を高めることを目標に、市民参加で地域の人工林の現状を調査する「森の健康診断」や、間伐にともない林の中に残される残材の有効利用をはかり、地域通貨

を使って地に足のついた地域活性化をめざす「木の駅事業」などのノウハウを藤田さんと賀露おやじの会にもたらした。賀露おやじの会の活動内容は、これを契機に森林に大きくウィングを広げた。そしてその後に丹羽さんが持ち込んだのが先のレッテンバッハ村、フィッシャー村長だった。「木の駅」で集めた材を利用して薪ボイラーを導入し、町を元気にしたい、そんな活動

写真2 ドイツ・レッテンバッハ村のフィッシャー村長一行と平井伸治県知事、藤田さん（2014年1月）

を始めた丹羽さんは、木の駅事業の先進地、レッテンバッハ村のフィッシャー村長を日本に呼んで欧州のすがたを伝えたい、と仲間に来日費用の寄付と巡回講演の企画を持ちかけた。藤田さんは真っ先に手を上げてフィッシャー村長の鳥取市での講演が実現した。2014年の1月だった。これが、藤田さんに、ドイツの村とのインターローカルな精神的つながりをもたらした。

　レッテンバッハ村は、政府の政策で1978年に隣の村と合併したものの、その後、村から活気が失われ人口が2割も減少した。住民は州政府と粘り強い交渉をおこない、1993年に独立した自治体に復帰した。これに中心的な役割を果たしたのがフィッシャー村長だった。自主独立を軸に村づくりを主導し、補助金に頼らず様々な事業をすすめて、村は太陽光発電の村として有名になった。村民から買い集めた薪を使った薪ボイラーで村に熱供給をおこない、スーパーやレストランを運営して、地域内で経済が循環する流れをつくった。合唱団のために音楽ホールをつくり、木工、機械産業などの産業を呼び込むことで住民は仕事と誇りと自信を取り戻して、人口は独立前の1.4倍に増えた。レッテンバッハは、こうして「ドイツで一番幸せな村」といわれるようになった。

　フィッシャー村長は、藤田さんの手配で鳥取を訪れ、講演をおこなって森林資源、農山村とエネルギーの問題について地元の人たちと話し合った。講演旅行の一環で、鳥取では一晩だけのおつきあいだったが、交流の中で感銘を受けたのが「レッテンバッハ村のこどもたちは、なんでも自分たちで実現できるこの村を誇りに思っている」という言葉だった。うちの村にはなにもなくてダメだ、と考え

がちな日本人には大きなインパクトだった。「田舎では一人一人責任があって自己実現のチャンスがある、地域にあるチャンスを分析できればどこの村も成功できる、ドイツではみんながふるさとに誇りを持っている」、フィッシャー村長の言葉は刺激に満ちていた。このお話をうかがったのは、講演から3年近くが経った後だったが、フィッシャー村長の自主独立の精神と自分の村への強烈な誇りへの共感が、藤田さんの心に深く刻まれていることがよくわかった。地域への想いは、日本とドイツの風土や社会の違いを超えて、まさにインターローカルな共通性をもっている。

（4）用があるものが動けばいい

　鳥取県東部、因幡の人たちの気風を表す言葉として、「煮えたら喰わあ」という表現がある。自分では汗をかかず誰かがだんどりしてくれるのを待つ、チャレンジ精神に欠ける、という地域性の分析だろうか。藤田さんはだんどりする側ですね、と水を向けると、「だんどりしてみんなに食べてほしいが、一番おいしいところは少しだけ私がいただきます」、とおっしゃった。至言だと思う。藤田さんは海外にでかけない。代わりに最も適切な人材を海外に送る。フィッシャー村長につながった薪ボイラーの欧州視察、先に紹介したログハウス設計、いずれも必要な人材の渡航を手助けしている。そうして「一番おいしい」フィッシャー村長との出会いや、ログハウス、薪ストーブの実現を手にしてこられた。

　国際交流は目的ではなく手段である。鳥取でどっしり構えていても、ドイツで一番幸せな村長さんと共感しあえる。藤田さんのふだんの活動には海外を感じることは少ないが、まさにインターローカルの神髄を押さえた実践の人である。それでも筆者は、「せっかくだから息子さんに会いに、ザルツブルクには行ってみたらいかがでしょうか」、と愚問を投げかけてしまうのだが。

3 団塊の世代が実践する海外との二地域居住（永山正男さん）

〔筒井一伸〕

（1）海外と国内との二地域居住の実践

「2007年問題」。1947年から1949年にかけて生まれた世代、いわゆる「団塊の世代」が定年を迎え、一斉に退職するスタートの年であることを意味する2007年を冠した問題が社会でクローズアップされてから約10年がたった。実際には定年延長が行われたこともあり「2012年問題」として再注目されたこの社会的関心の一つには、地方出身者が多い団塊の世代が一斉に生まれ故郷に戻るのではないかという、ふるさと回帰への期待と不安が入り混じる移住者増加というという見通しが生まれた。

ところが移住はふるさとへの回帰だけではなく生まれ故郷以外の農山村地域への移住（田園回帰）、さらには海外への移住にも及んだ。団塊世代は戦後の第一世代であり多趣味でチャレンジ精神に溢れ、海外生活志向も高いと言われている。一昔前には海外でのセカンドライフといえばオーストラリアやハワイであり、ごく一部の富裕層の話であった。現在はインフラ整備によって生活のしやすさが向上したアジアの国々において退職者用ビザ制度が創設され、これらの国々に注目が集まっている。

事実『海外在留邦人数調査統計平成28年要約版（外務省領事局政策課）』によると、海外の長期滞在者は2015年には853,994人と2000年比（526,685人）で約1.6倍となっている。地域的に見ても2000年にはアジアが156,539人、北米が201,940人であったのが、2005年にはアジアが357,966人、北米が261,179人と逆転したばかりではなく約10万も多くなっている。その国別の中で長期滞在者が米国、中国に次いで多いのがタイである。2015年には66,088人であり2000年（20,590人）に比べると約3倍となっている。アジアにおける長期滞在者の60歳以上の割合は約14％と少ない人数ではなく、海外移住を志向する定年退職者層の状況がわかる。ここで取り上げる永山正男さんは定年退職後に海外との二地域居住を実践してい

る一人である。

(2) なぜバンコクに？

長崎県出身で鳥取において34年間にわたり大学で教鞭をとられた永山正男さんは2014年3月に定年退職を迎えた。退職後は鳥取という人とのつながりが深い地域から離れ、自分にとっての新しい地域を発見したいという思いから海外への移住（二地域居住）をはじめた。先にも述べたとおり、特に"金の卵"として都会へ出た団塊の世代はそれまで"企業戦士"として活躍した都会を離れて国内の農山村に向かうことが多い。永山さんは団塊の世代の特徴をベドウィン（Bedouin/中近東・北アフリカのアラブ系遊牧民）という言葉で表している。チャレンジ精神があるがゆえに退職後も新たな地域で過ごしたいという遊牧民的志向性があるのではないかというのである。ただし、鳥取という地方で34年間過ごした永山さんは農山村という選択ではなく、これまでの社会関係に縛られない匿名性をもつ海外の都市に目を向け、タイのバンコクと鳥取との二地域居住をはじめることとなった。

数ある海外の都市からバンコクを選んだ理由として、「学生時代は学生運動真っ盛りで否応なく戦争を通して入ってきたため、その当事国であるベトナムやその周辺の東南アジアの国々に自然と目が向いた」と述べている。実際に移住を考えると制度などの整備の状況から東南アジアの国々の中からタイを選択することとなった。大学教員の現役時代から東南アジア諸国を含めて様々な国に行ったなかでタイを永山さんが選んだ理由として「海外で電車に乗っていて若い人から席を譲られたのはバンコクと台北だけで、タイは年長者を大事にしてくれる」と自身の経験から語ってくれた。

(3) バンコクでの生活

永山さんが生活をするバンコクはタイ王国の首都で人口は約852万人（2013年）、面積は1,568.737km^{2}であり、日本のいずれの都道府県よりも狭い面積に、大阪府に匹敵をする人口が集まる人口稠密な都市である。周辺の県も含む都市圏人口も1,500万人を超え、東南アジア屈指の世界都市でもある。戦前から日本企業が進出し、高度経済成長期以降はさらに進出が進んだこともあり東南アジアで最も日

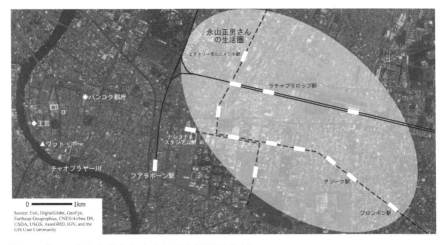

図1 バンコク中心部と永山さんの生活圏の広がり

本人が多い都市でもある。永山さんの生活圏は自宅からおおよそ3km圏域であり（図1）、バンコクの中でも都市中心部で生活をしている。永山さんが住むマンションは、以前は日本人の若い人のたまり場的なところであったが、現在ではロングステイの日本人が多く住むようになっている。マンションがあるラチャプラロップ界隈にはローカルな屋台や食堂があり（写真1）、

写真1 食堂や屋台がならぶラチャプラロップ界隈（2016年）

また縫製工場などもあるため老若男女のタイ人が路上で宴会をするなどの生活を間近に感じることができる地域でもある。

　永山さんの一日の生活をのぞいてみると、時間的にはゆったりと過ぎているが大変充実したものとなっている。午前中は自宅でメールのチェックなどの作業などをしながらのんびりすごす。このゆったりとした時の流れをタイ語ではユーチューイチューイという。そして昼食を食べるために、永山さんはバイクタクシー（モーターサイラップチャーン）を利用して高架鉄道BTSの最寄駅に向かい、繁華

街アソークに向かう（写真2）。そこにあるフードコートを昼食には利用するが、タイ生活の初心者の外国人には利用しやすくまたローカル性もある。このようなフードコートはお勧めであるという。その後にタイ語学校に通いタイ語のレッスンを受けると夕方近くになる。のんびり散策をしたり日系のスーパーで買い物をしたりしての帰路、BTSの駅にはバイクタクシーがいないため歩いて帰ると夕食時である。永山さんの好みのタイ料理はイサーン料理で、特にソムタムという青いパパイヤを使ったサラダがお気に入りである。

写真2 高層ビルが立ち並ぶ繁華街アソーク（2016年）

　永山さんはバンコクでの生活でのいくつかの経験を語ってくれた。ひとつはマイペンライである。マイペンライとはタイ語で「気にしない」、「大丈夫」、「どういたしまして」などを表す言葉であり、難しいことや細かいこと考えずに、気楽にいこうという雰囲気が出ている言葉であるという。タイ語の書籍には「タイには"マイペンライ精神"があり、気を付けて聞いていると意外と"マイペンライ"という言葉が沢山聞ける」とあるが、実際には多くは耳に入ってこなかったという。ただ、マイペンライと口に出さないでも、その雰囲気は伝わってくるという。永山さんも自身でマイペンライという言葉を少ないながら聞いたことがあるが、その一つの場面が博物館である。博物館で入館料200バーツに対して1,000バーツ札を支払ったときに、ごめんなさいというと、相手からマイペンライが返ってきたという。日本的感覚で「大きい紙幣ですいません」というような感じで口にしたことが相手にはしっかり伝わった。このあたりの感覚はインターローカルに通じるところがあるのかもしれない。

　また、バンコクを二地域居住先に選んだきっかけとなった高齢者の存在であるが、バンコクに住んでいると街中で永山さんと同世代程度の高齢者が歩いていることをほとんど見ないそうである。タイの平均寿命は約74歳、日本は約83歳なので10歳ほど違う。70歳が近くなってきた永山さんは日本では"若手高齢者"だが、タイでは平均寿命に近づいてきた高齢者であり、この寿命から逆算した感覚が、

タイで高齢者が大切にされている原因ではと永山さんは分析をする。

(4) 団塊の世代の生活からみるインターローカル

　世界都市バンコクと地方都市鳥取、それは似つかない地域同士である。例えば鳥取は人間関係が比較的密であるが故に匿名性が少ないが、バンコクでは都市の匿名性と世界都市ならではの匿名性との二つが味わえる。後者は外国人が多いから外国人は珍しくなく特別扱いされないことからくる匿名性である。そんな匿名性の高い社会の中でたまに知っている人と会うと驚き、また面白いという。これは鳥取というローカル性とバンコクというローカル性、地方と都会というものに国境を超えるということで加味されるインターローカルという観点、その２つから違いが際立って感じられるようである。

　その一方で、昔の日本にあったが今は薄くなってきたもの、例えば年長者を大事にすることなどに目が行く。それはかつての自分が生活してきたローカルな地域にあったものが国境を超えたローカルな地域で再発見されることであり、インターローカルを通して見えてくるものである。

　永山さんはバンコクでの生活を語るときに「落ち着く」という言葉と「歩く楽しみ」というキーワードを挙げてくれた。落ち着くとはしがらみがないということであると同時に、日本ではなくなった昔のローカルな事柄が味わえるということであろう。また都会を歩く楽しさは、本来は一時滞在の旅行者の感覚であり、旅行者の感覚を持った生活者、これが鳥取とバンコクの二地域居住を実践する永山さんの素顔なのかもしれない。

　二地域に住む場所を持って定期的または反復的に滞在するという生活の仕方を二地域居住という。英語の類似語としてはMulti-habitation（複数地域居住）があるが、永山さんの実践は国内外のローカルな地域の旅行者のように行き来しながら生活を楽しむInter-local habitationといってもいいのかもしれない。

4 人との出会いから海外協力隊へ（山崎香葉子さん）

〔中 朋美〕

（1）はじめに

島根県出身の山崎さんは2016年1月から青年海外協力隊員としてモンゴル中央県ゾーンモド市で日本語を教えている。協力隊員の選考試験で合格したのは、大学卒業直前の2014年の冬だった。当時、地元の企業への就職も考えていたが、協力隊で働くという思いの方が強かった。ゾーンモド市では8歳から18歳までの現地の人を対象に日本

写真1　モンゴルの学生とのひととき

語教室で教えるほか、現地の幼稚園や村の小学校を訪問し、日本の文化や社会も紹介する日々を送っている。今では海外で働き、また数多くの国に出かけた経験を持つ山崎さんだが、実際に海外に出かけ始めたのは大学に入ってからだという。はじめて海外にでかけた体験や今の仕事の様子を聞きながら、山崎さんがどのようにして現在の仕事に取り組んでいるのかについて語ってもらった。

（2）はじめての海外

山崎さんは松江市立女子高校国際文化観光科出身で、そのころから国際交流をする機会はあったという。ボディーランゲージでは海外の人との意思疎通の限界を感じ、それまであまり興味がなかった英語を必死に学び始めようと思ったのもこのころだそうだ。また元協力隊員の高校の先生から協力隊での活動の様子を聞き、海外での生活や協力隊の仕事に興味を持ちはじめた。

そんな彼女が初めて海外に行くきっかけとなったのは大学で実施された韓国での短期研修だった。このプログラムは、南ソウル大学との協力のもと鳥取大学の

学生が現地を訪れ、文化や歴史を授業やホームステイなどを通じて学ぶというものだ。研修費用の手頃感と学校の研修であることの安心感が、海外渡航への第一歩を後押しした。韓国ならばそれほど費用がかからず、また一定の補助も大学を通じて得られる。また事前説明会を通じて現地の治安や社会事情の説明やサポートは心強かったようだ。「実際、現地にいくら持っていけばいいかもわかりませんでしたし、現地で気を付けなければいけないことなどさっぱりでした。」と語る。研修では担当教員もついているので、不安より楽しみの方が大きかったそうだ。またこの研修で出会った韓国人学生とは日本で再会し、一緒に旅行をする大親友となり、海外に行く楽しさを知ることとなった。

写真2　モンゴルの日本語クラスでの様子

（3）その次の海外

韓国の研修ののち、山崎さんは様々な海外関連の授業やプログラムに参加するとともに、自分で企画して海外に出かけるようにもなる。「安全が保障されている学校のプログラムで何度か海外での対応を学んだ後、友達や先生など日本人に頼れない状況で海外へ行ってみたかった」と語る山崎さんは、大学での長期休暇を利用し、フィリピンでのボランティア活動への参加や、カンボジア、タイ、ラオスへの旅を実施した。

自分で渡航となると、様々な細かい点を学ぶことも多かったそうだ。例えば、チケット予約をするにも、当初は安いとされるネット予約では目的地まで旅券がきちんととれているのか不安に思い、結局旅行会社で相談しながら行ったという。また当初電車で隣国へ行こうとしていたが、それには乗れず急きょ飛行機での移動となったときもあったそうだ。一人で旅する時には特に事前準備は大切だと痛感するようになったという。今では行く国が決まっていたら、その国の大使館のホームページなどで現地の天候や治安を調べるようにしている。

(4)「人」を通じての海外の文化や社会への興味

　実際に出かけてみて現地の人や社会にふれあい、ますます異文化や国際交流に興味を持つようになった山崎さんは、日本でも、様々な機会を利用して、様々な出身の人との出会いを通じて、異なった社会や文化に触れるようになる。大学での関連科目を受講するのに加え、普段の学生生活の中で国際交流ができないかと思い留学生対象の日本語の授業にも参加した。冒頭で高校時代から協力隊や関連の仕事に興味があったことは述べたが、そういった興味の根底には、こういった体験の積み重ねが重要だった。ふりかえって、山崎さんは以下のように語る。

> やっぱり海外へ行ったということよりも、大学で尊敬できる先生や国境を越えた友人に出会えたということが一番「海外」へ興味を持った理由なのかもしれません。異文化に興味を持つよりも先に「人」に興味を持って、その人の文化・習慣・考えを知りたい、この人に近づきたいと思ったから今こうして協力隊としてモンゴルにいる気がします。でもその機会を大学のプログラムや多種多様な講義などを通して与えてもらったということが大きいです。与えられた機会を活かすことは大切ですね。

　興味を持つこと、それに関連した小さなステップを一つ一つ、着実に積み重ねていった結果、現在の山崎さんがあるように感じられる。

(5) 協力隊員としての仕事

　山崎さんは、日本語を単に学ぶだけではなく、子供たちにほかの世界や多様な文化や社会に対する理解や興味を深めてほしいと語る。日本語を教える際、日本の社会についての説明に加え、フィリピンで出会ったストリートチルドレンの話など、折に触れて今まで山崎さんが訪れた国の話もするという。

> 子供たちが海外へ行ってほしいというものだけでなく自分の生きている世界が「当たり前」ではないということを知ってもらったり、いつか「こんな話聞いたな〜」とふと思い出して、なにかのヒントになればいいなと思い話しています。

　こう語る山崎さんだが、もちろんなかなか対処に困る現実とも向き合っている。時間に対する考え方の違いが一例だ。日本語のレベルに合わせてクラスを編成したが、なかなか子供たちが時間通りのクラスに来ず、結局、様々なレベル混合の

クラスになってしまいクラス進行が難しい状態となった。そこで、子供たちにその理由を尋ねると、それぞれの事情があることがわかった。妹や祖父の世話といった家族の手伝いが優先されるモンゴルではそれを理由に学校や習い事を休むことはよくあるそうだ。そういった事情を聴いた山崎さんは「日本と同じ考えをしている」自分に反省したと語る。「やはり現地に旅行するだけでは見えない文化も多くあるんだなと感じます。」とコメントする山崎さんは、子供たちやそのほかの現地の人から学ぶことも多いという。

(6) 今後

山崎さんはまだ協力隊の任務が始まったばかりということで、具体的な計画はまだ立てていないが、「子供に世界に興味を持ってほしい」という気持ちを持っているという。山崎さん自身、高校や大学での先生や友人との出会いで様々な機会を得て、いろんな広い世界への興味が広がってきた。今度はそういったチャンスを子供たちに伝えることが出来ればと思っているそうだ。続けて、

> それがどんな形で実現するかはわかりませんが、実際私は海外を見て、異文化・歴史に触れる中で、外国人に関わらず、人に対する寛容さや、「知りたい」という探求心を持つようになりました。「当たり前」という言葉はないんだなと教えられたようにこれから夢をもつ子供たちに「柔軟さ」をもって生きてほしいなと思っています。

こういった思いは、日本語教室の生徒が山崎さんをどう受け入れるかについても注目していることからもうかがえる。山崎さんが現地について半年以上が過ぎ、生徒が「私のつたないモンゴル語を聞く力が驚くほど伸びました」と述べる一方、山崎さんはこうも語る。

> 日本語を覚えるだけではなく毎日私（外国人）と接することで、外国人に対する抵抗が減り、様々なことに興味・関心を抱いているような気がします。その興味・関心が子供たちの今後に生かせたらいいなと思っています。

こう語る山崎さん自身も、日本から来た協力隊員という枠組みをこえた人や地域とのつながりの展開にかかわり続けていくのかもしれない。

5 海外研修を機にインドネシアで働く（伊藤紀恵さん）

〔中 朋美・仲野 誠〕

（1）はじめに

　山口県出身の伊藤さんは2015年2月からインドネシアのジャカルタにあるムハマディア・ハムカ大学で日本語教師として働いている。伊藤さんは、大学まで海外に出たことはなかったが、大学入学後は韓国、アメリカ、台湾、そしてインドネシアへと様々な海外短期研修に参加している。そういった経緯から考えると、インドネシアで働いているということはそれほど意外なことではないように思うかもしれない。しかし、日本語教師となるために2014年3月の卒業後に専門学校に半年通い、そして現在の仕事に就く過程には様々な出会いがあったそうだ。そういった経緯についての話を伺いつつ、現在の生活の様子について語ってもらった。

（2）日本語教師を目指そうとおもったきっかけ

　高校時代、漠然とした外国の人々に興味はあったが、日本語教師には特別興味はなかったという。だが、「なんとなくではあるが、『外国の方とふれあいたい』という思いがずっとあって、それが大学に入って爆発し、韓国やアメリカの研修に惹かれたのかもしれない」と振り返る伊藤さんは大学に入るとすぐに、海外研修先や鳥取大学の留学生とかかわりを持つようになる。そこでの出会いは様々だが、そういった体験があって、伊藤さんは日本語教師を進路の選択肢として考えるようになる。

　伊藤さんは大学時代に日本語を学ぶ外国人留学生の勉強をサポートする日本語パートナーでの経験をこのように書き綴ってくれた。

　　（大学の国際交流課からの紹介で知り合った留学生と）ご飯を一緒に食べたり、宿題を手伝ったりした。外国の方との「言語」を介したコミュニケーションは、私の英語力のなさもあり、母国語話者同士よりは不十分である。しかし、

当時、周りに相談せずに悩んでいたことがあり、そんな私の異変に真っ先に気づいてくれたのは、週に一回お昼ごはんを食べていた留学生の子だった。言語をはじめ文化や価値観など様々な違いがあるからこそ、互いの声にしっかりと耳を傾け、表情や雰囲気からも気持ちを読み取ろうとする。遠回しな表現や曖昧な表現だと伝わらないから、まっすぐに気持ちを伝えようともする。真正面から向き合い、お互いのことを全身で感じ、何かあれば、ストレートに伝える、そのようなつきあい方がとても居心地がよかった。

　そして、「仕事でも外国の方と会うことのできる仕事であれば最高だなと思い始め、日本語教師という仕事を考えるようになった」という。伊藤さんにとっては、日本語教師の仕事は語学を教えるとともに人と向き合うことと深く関連することをうかがわせるコメントである。

　大学では地域政策を学んでいた伊藤さんだが、卒業後日本語教師になるべく、専門学校に通うことを決心する。それを知っていたゼミの教員が短期海外研修先であったムハマディア・ハムカ大学の教員に伊藤さんを紹介し、日本語の教員としてどうか、と会話の一端で尋ねたことからインドネシアでの生活が始まる。当初、伊藤さんはちょっとした冗談かもと思ったらしい。

(3) インドネシアのムハマディア・ハムカ大学での生活

　現在、伊藤さんは10人弱いる日本語プログラム担当の教員のサポートとして、主に会話と漢字の授業を共同担当している。ムハマディア・ハムカ大学の教育学部には、日本語を専攻する学生が1学年に2クラス、計80人ほどいる。彼らを相手に週4日、午前7時から12時まで授業を担当し、同クラスの担当者とともに授業構成、テスト作成、成績評価を行っている。仕事はどうかとの質問には、以下のようにコメントしてくれた。

> 楽しいことは、授業である。授業のなかで、反応がしっかりあるので、やりがいを感じる。もちろん、まだ教師として未熟で、反省点はたくさんあるが、学生たちが、半人前の私を許し、一緒に成長してくれようとしているのが伝わってくる。休みの日は一緒に遊ぼうと誘ってくれる。そんな学生が可愛くてたまらない。明るくて、無邪気だけど、私に困ったことがないか寂しい思いをしていないか、いつも気にかけてくれる優しさや頼もしさも持ち合わせ

ている人たちばかりである（写真1）。

　学生たちとのやり取りが日々の活動力の源になっているようである。平日の午後には日本語プログラムの学生が自主的に行っている勉強会やイベントに参加するという日々である（写真1）。

　伊藤さんは、「大変なことは、仕事の面ではあまりなく、生活面で大変なことが多い。」と語ってくれた。詳しく尋ねると、インドネシアでむしろ苦労したのは仕事ではなく、その他もろもろの生活にまつわることだった。伊藤さんは、大学寮の一部屋を改修した部屋に住んでいるが、当初は冷蔵庫も洗濯機もない生活に戸惑うこともあったらしい。現地の言葉も話せず、屋台で食べ物を購入することも簡単ではなかった。また、ビザや雇用といった契約に対する対応も、日本と現地では異なり、それに慣れていくのも大変だった。例えば、雇用書類が整う時期が明確でなく、準備ができ次第、大学から連絡があり、そこで伊藤さんが現地に赴くというパターンが多い。したがって日本への滞在が思いの他長くなってしまうこともある。こういったことは、積もり積もるとかなりの精神的な負担になってしまう。しかし、伊藤さんは、「住んでいる環境や自分の体調には問題が多く大変だったが、心の方は落ち着いていた。日本にいるときよりも、ストレスや不安を感じることも減ったと思う。」と語る（写真2）。

　理由を尋ねると、現地の人々の誰かが常に伊藤さんのことを気にかけてくれ、信頼できるからだという。例えば体調が悪かったら、守衛の人が声をかけてくれたり、お店の人が薬を勧めてくれたりする。また、故郷をはなれ一人で住んでいる伊藤さんを気にかけ、教員や学生は頻繁に様子を見に来てく

写真1　休日、遊びに誘ってくれた学生と著者（2015年3月8日 渡し舟にて）

写真2　誕生日のお祝いをしてくれた学生と著者（2015年6月12日 大学内のワークショップにて）

れたり、旅行や家に誘ってくれたりするという。そういった人とのかかわりが生活を「ゆたか」にしてくれているという（写真2）。

　実際困っていることは何ですかと聞いても、「ない」との返事が返ってきた。むしろ毎日楽しい、インドネシアの人と話すのが楽しいという。現地語をまだ練習中の伊藤さんは、決して会話のすべてがわかるわけではない。それでも、以前に出会った留学生との交流のように、言語だけではないコミュニケーションを楽しんでいるようである。

（4）振り返ってみる大学での学び

　一見、大学での専攻とは異なる方面に進んだ伊藤さんだが、大学での学びによって、いろんな考え方や生き方があるのだと物事を多面的に見ることができるようになったと語る。伊藤さんは在学中、ゼミの教員とゼミの学生とともに、様々な場所に訪れ、精神障害者、日雇い労働者といったともすれば社会的に弱い立ち位置に立たされる人々と出会い、その出会いのなかから多くのことを学んだ。卒業論文では大阪の釜ヶ崎での労働者を見守る一人の女性のライフヒストリーについて書いたそうだ。そういったことからも金銭や所有物では測れない「幸せ」や「豊かな生き方」に思いをはせるまなざしの大切さを認識するようになったのかもしれない。

（5）今後について

　伊藤さんは、インドネシアのムハマディア・ハムカ大学で日本語をあと2年ほどは教えたいと思うと語る。雇用形態や将来的な見通しも、日本で働く人とは異なる。しかし、時間はかかるかもしれないが相手方ができる限りのことをやってくれているのだと強く感じるという。そういった信頼感やお互いとの関係を重視しながら、今後数年間、日本とムハマディア・ハムカ大学のあるジャカルタを往復するのかもしれない。

6 海外の現地体験で磨かれるインターローカルな感覚
（百崎太郎さん）

〔田川公太朗〕

（1）はじめに

大阪府出身の百崎さんは、2015年3月に鳥取大学大学院地域学研究科を修了したのち、翌4月に豊田通商株式会社に入社した。百崎さんは、大学入学後に海外に行ってみたいと漠然と考えていたが、実際に海外へ出かけたのは大学2年生の春休みであった。はじめて海外に出たときのことや大学院での留学経験など学生時代の海外体験について振り返っていただき、海外で得られた経験と自らの成長について語ってもらった。

（2）はじめての海外

百崎さんは、関西大学システム理工学部にて固体物理学や半導体デバイス工学などを学ぶ理系の学生であった。海外への関心は少ないものの、漠然と海外へ行ってみたいとの思いを持っていたようである。大学2年生のときに、海外へ出かけるきっかけを探していたところ、キャンパス内で1枚の掲示ポスターに目が止まったそうだ。それは、発展途上国

写真1 とても印象的な子供の笑顔

を訪れ、現地で家を建てることにより劣悪な生活環境を改善し、貧困に苦しむ人々が自立できるように手助けすることを目的とした、国際NGOの学生団体が参加を呼びかける案内であった。自らを「物事をあまり深く考えない。人ができないことをやりたい方かなぁ。」と評する百崎さんは、その団体が主催する海外活動への参加をすぐに決めた。その団体は、近畿・中国地方を中心とした各大学にお

いて学生団体を作っており、様々な勉強会や活動報告会を実施している。人生初の海外渡航地がバングラディッシュと決まって、様々な勉強会に参加し、忙しく準備を進めていった。現地では、首都ダッカから車で8時間移動した村で家を作る作業を行った。現地の活動の中で、強く印象に残ったことについてこのように語っている。

> 発展途上国などでよく見られる光景ですが、村を歩くと多くの子供たちが寄り集まってくるんです。そして、何が楽しいのかわからないのですが、みんな笑っています。とにかく笑顔なんです。また、村の小学校に宿泊したこともあって、すぐに現地の人とも仲良くなれました。普段の生活と違った環境にいることで、活動仲間とも大いに語りあうことができ、とても楽しかったです。

初めての海外を経験したのち、その1年後にはインドネシアで家を建てる活動にも参加しており、このときにはグループのリーダー陣として後輩を引率していくほどに成長していた。

（3）留学と研究活動

大学4年生のときに、百崎さんは所属研究室の活動で知り合った、大阪大学の教員のもとで、それまでの専門分野と異なる海水淡水化装置の研究を実施した。百崎さんは、ヒ素が含まれている地下水を利用するバングラディッシュの現状を知っており、現地の水環境問題に深い興味をもったことが一因となっている。このことが縁で、卒業後に鳥取大学大学院地域学研究科に進学し、筆者の指導の下で海水淡水化装置の研究を継続することになった。

鳥取大学では、乾燥地研究の分野において国際的通用性のある人材を育成することを目的に、鳥取大学インターナショナル・トレーニング・プログラム（TU-ITP）と題して、「乾燥地における統合的資源管理のための人材育成」プログラムを実施している。国連大学、乾燥地研究所（チュニジア）、寒干区環境工学研究所（中国）など海外8機関の協力のもと、約3週間の講義受講や修士論文の研究計画作成を進める「コースワーク」と、野外調査や修士論文作成等を行う「フィールドリサーチ」を行う。百崎さんは、現地チュニジアでの環境条件で淡水化実験を行うことを希望して、このプログラムに参加することを決意した。手続きを進

め、チュニジアでコースワークおよびフィールドリサーチを8ヶ月間行うことになった。2013年11月にチュニジアに渡航し、中国とチュニジアの学生とコースワークを受講した。同じゲストハウスに宿泊していたドイツ、イタリア、コモロス、ニジェールといった同世代の学生とも親しくなった。研究所は郊外にあるため街に行くのも大変で、しかも現地の人にとっては日本人が珍しいのか、多くの人に声をかけられたそうだ。

写真2　現地の子供と一緒に戯れる百崎さん

コースワーク修了後は、フィールドリサーチとして、淡水化実験を行わなければならない。実験の進め方や現地のデータ収集などを研究所の教授と打ち合わせながら進め、また装置の製作、材料購入等は技官の協力を得て行った。

写真3　乾燥地研究所のゲストハウスでの一場面

このときのことを振り返って、次のように語っている。

> 一番苦労したのは、技官の人に協力を得てもらうことです。言葉の問題や忙しさのせいもありましたが、日本から来た留学生の指示を聞いてもらえませんでした。粘り強く交渉し、いろいろな作業に対して積極的に取り組みました。その過程で、やることをしっかりやっていれば、認めてくれることがわかりました。研究の進捗を報告するプレゼンでは、不十分な英語でしたが、わかりやすく説明することを心がけていました。そのような姿勢や態度が、現地の人がもつ日本人に対するイメージと一致したようです。

そのころ、中東や北アフリカにおいて「アラブの春」という反政府デモによる騒乱はすでに鎮静化していた。しかし、2013年1月に隣国アルジェリアで天然ガス精製プラントでの襲撃・人質事件が発生した。この事件では日本人も犠牲になっている。この事件の犯行グループにチュニジア人が加わっていたことに起因し、チュニジアの情勢が一気に不安定になり、首都チュニスで発生したストライキやデモの影響が国内に急速に広がることとなった。急激に治安が悪化することが懸

念されたため、百崎さんは急遽、帰国することとなった。

　　現地時間の朝3時に、鳥取大学から緊急電話がありました。往復チケットを買っていたので、とりあえず必要最低限のものをスーツケースに積み込み、帰国の準備をしました。空港まで車で1時間半なので、ゲストハウスの門番にドライバーをすぐに手配しようとしたのですが、彼はフランス語しかわかりません。困った挙句、チュニジアに留学経験がある同じプログラムの先輩に電話連絡し、門番に交渉してもらいました。その結果、車が手配され、空港に向かうことができました。空港が閉鎖される直前に到着し、その日に最初で最後の早朝便の予約が取れ、パリ経由で日本へ帰国することができました。そのときとても焦っていましたが、そんな状況で日本の先輩に電話をかけて交渉してもらうというアイデアを思いついたものだと、自分でも感心します。

　そのとき筆者を含めたプログラム関係者は、鳥取大学内で危機管理体制を整え、百崎さんと電話のやり取りをしながら、一方で国内の旅行代理店ルートを駆使して、現地の空港からパリへ渡る飛行機のチケット予約を必死に行っていたのである。予約が取れ、飛行機に乗る直前に百崎さんから電話をもらい、ホッと一息ついたことを覚えている。

　（4）海外体験で得られたこと

　百崎さんが勤務する商社の企業理念の一つに、「現地・現物・現実」というのがあるそうだ。学生時代に途上国の現場で現地の人とともに活動してきた百崎さんにとって、この言葉はすっと自分の中に入ってきたそうだ。この言葉を体現しながら、国際貢献につながる仕事を成功させることが将来の目標だそうだ。

　　私は、学生時代の留学経験を通して、不十分な英語でも難しいことを簡単に表現することの大切さや、文化が異なる多様な地域の人と気軽にコミュニケーションできる感覚を学び、自分自身の成長を感じることができました。ぜひ、学生の皆さんには海外に出て、現地を見て、現地の人と触れ合うことで、このグローバルな感覚を体感してほしいと願っています。

と、最後に百崎さんから海外に出る学生へメッセージを送った。

第2部 海外の地域を体験する

　各種統計によると、日本人の海外旅行者数はここ数年、年間1,600～1,800万人台で推移している。渡航の目的は観光やビジネス、交流、留学などさまざまだが、渡航先のローカルな地域で、現地の人や風土、文化などからさまざまな刺激を受けることは旅行者みなに共通する。多種多彩な経験は、個人を豊かにするとともに、日本社会をも変えていく力となるだろう。特に思考の柔軟な若者には、積極的に海外の地域にでかけてメディアを通じた情報だけではわからない等身大の体験を積み、自身と日本を顧みることを勧めたい。

　第2部では、様々な海外体験例を具体的に紹介する。いわば、「海外へのでかけ方」指南である。12人の著者がそのさまざまな海外経験をもとに、単なる観光を半歩超えたところにある重層的な体験について紹介している。

　第2部は3つのパートに整理した。1章は「学び」と題して、海外に出て、あるく、はかる、みる、きく、体験する、まとめる、発表するための12の実践法を紹介した。大学で学生の海外研修を実施した経験を下敷きにした節は、同様の目的をもつ企画者のヒントにもなるだろう。

　2章「生活」は、海外初心者がとまどう生活文化について扱った。食事、トイレ、チップ、危機管理など、海外で直面する等身大の問題を8つの節にまとめた。

　3章「交流」には、現地での交流経験を綴った7節を置いた。渡航先の人たちとのコミュニケーションこそが海外体験のカギであり、渡航者にも受け入れ側にも共通の財産となる。言葉の不安を抱えるなか、見知らぬ人と交流するにはハードルがあるが、著者の経験からそれを乗り越えるヒントを見つけてほしい。

　最後に、大学で「海外の地域を体験する」企画を支えるしくみについて記した。これらの紹介が、若者の海外渡航への励ましとなり、インターローカル思考を培うことに少しでも役に立つところがあれば幸いである。

〔永松 大〕

学び1 (1) シティウォーク―北米の街を歩く―

　地域やコミュニティを知るには、まちあるきは欠かせない。ほかの地域を知るということは、人が生まれつき持っている好奇心の現れの一つで、そういった好奇心こそ人類がかつてアフリカ大陸から世界各地に生活の場を広げていったこととも関連するといえる。しかし、デジタル社会となった現在では、実際に体験する重要性は薄れつつあるのかもしれない。スマホの画面をみつめているため、周囲をみわたし、何が起こっているのか気づかずにいる人が多いかもしれない。

　でも見知らぬ海外に行った際には、周囲を注意深く観察しながら街を歩くということをお勧めしたい。その土地の地理的、歴史的、文化的な違いに思いをめぐらすことができるからだ。学生とともに旅した北米の例を挙げながら、いくつか街歩きをするポイントや町・地域コミュニティに着目することについてみていきたい。

【まちの歩き方】

　周囲に注意してまちを歩くためのヒントにはいろいろあるが、まずは、町の地理的な情報に注意するとよいかもしれない。サンフランシスコやバンクーバーのような港町では港を散歩しアルカトラズ島や北バンクーバーにフェリーで渡る。そうすることで、まちが存在する物理的な状況がわかるし、水、川、そして海がまちの発展に果たしてきた大きな役割を推測することができる。また、高い場所からまちを見下ろすのも一つの手だ。市が見渡せる場所は、地理的環境についての思いを巡らしやすい。

　感覚を動員するのもまちを体験するのに大切だ。どこの場所にも独自の光景、音、そして匂いがある。それぞれの地域レイアウトや色などの視的な特徴、耳に入って来る音、例えば警察のサイレン、アイスクリーム売り、モスクからの祈りを促す声……。学生とともにこういった雰囲気を語り合うことは、まちのもつ場の感じを考察するのに役立つ。

　同様に、掲示や広告、ポスター、Tシャツなどを見て、何が書かれているか、また何語が使われているかに着目するのもよい。アメリカでのスペイン語の掲示、

カナダでのフランス語の看板などは、それらの地域での言語的な状況を感じ取る手掛かりになる。学生との研修では、これらは、英語読解力を試すとともに、そういった土地の持つ社会的な背景や地域の問題、価値観について語り合うきっかけにもなる。

【まちを比べる】

まちを実際に歩き、体験することによって、まちの特徴や地域性を感じることができる。例えば、アメリカやカナダの西海岸の都市は歴史的、社会的、人種的、民族的に多様な人々によって成り立っているが、そういったことをまちあるきによって肌で感じることができる。私は学生とよく、ヒスパニックミッション、ヘイト・アシュベリーのヒッピー地区、賑やかなゲイのコミュニティであるカストロ地区、チャイナタウン、日本町、リトルイタリーを訪れ、まちを感じ、その多様なあり方について考えてみる（写真1）。

写真1　サンフランシスコ、カストロ地区

例えば、サンフランシスコを訪れた際、私は学生とともにゴールデンゲートブリッジといった観光地だけでなく、市内のグライド記念教会の日曜の礼拝に参加する。この教会は、貧困、暴力、社会の不正などの問題に取り組んでいることで知られているが、そこに実際に行くことによって、労働者や貧しい人々が住む地域の雰囲気を感じたり、また教会がボランティアとともに麻薬中毒者、ホームレス、そしてゲイ・レズビアンコミュニティを支援している様子を感じたりすることができる。

バスや市電、地下鉄、ケーブルカー、モノレールに乗ることも面白い。まちをどのように探索する方法があるのかを知ることは、海外で主体的に探索することにつながる。またその土地の社会システムの一端を見ることもできる。例えば、アムトラックの速度は日本の新幹線とは異なるし、交通システムの違いは社会や文化的な違いを感じるきっかけとなる。まちを歩くことによって、案外いろんなことをすることができるものである。

〔ケイツ A キップ〕

学び1　(2) フィールドワーク―森を調べよう―

　海外で現地の自然について知りたいとき、まずはWeb上の情報や既存文献、または現地の自然史系博物館が頼りになる。せっかく訪れたのだから、現地を見て思考を巡らせたいが、はじめて訪れた場所での計画的なフィールドワークは誰にとっても少しハードルが高い。例えば植物については、国内で多少の調査経験があっても、海外に出ると植物の名前がわからない。調査のための土地勘もなく、国立公園のような保護地域はアクセスが良くないことも多い。

　それでもフィールドワークができれば、現地の自然への理解は格段に深くなる。あなたが研究者ならば、現地の専門家とあらかじめ連絡を取って、見るべき場所を案内してもらうのがベストだが、海外に知り合いのいない平均的な日本人学生にはそれも難しい。

【近くの森に目を向けてみる】

　そんなとき都市近郊の手軽な「森」に目を向けてみるのはいかがだろうか。都市に滞在していても、近郊の森林公園や里山林ならアクセスしやすいことが多い。人との関わりで成立した森のようすを通じて現地の歴史や生活を学ぶことになり、樹木や緑とのかかわり方に関する彼我の違いを考えるよい機会も提供してくれる。

　このツールとして、愛知県矢作川で始まった市民参加型の手づくり人工林調査「森の健康診断」[1]を応用することが可能である。「森の健康診断」はもともと、市民が中心となって地域の人工林に入り、自分たちの手で五感を使って森の状態を評価する試みである。ふつうの市民の人工林への関心を喚起することが目的の一つなので、誰でも参加できるよう調査マニュアルが整備されており、全国各地で取り組みが進んでいる。

　海外で「森の健康診断」を試すことにはいくつかのメリットがある。高価な機器を使わず、調査道具のほとんどが100円ショップで調達可能[1]なため、道具の管理に気を使わなくてすむ。道具は軽くコンパクトで運搬上の負担も少ない。

---

(1) 理念や道具について詳しくは、蔵治光一郎・州崎燈子・丹羽健司（2006）『森の健康診断　100円グッズで始める市民と研究者の愉快な森林調査』築地書館。

訪問者グループの中に経験者がいれば作業はスムーズに進められ、同行の未経験日本人や現地の関係者とのコミュニケーションツールにもなり得る。

【フィールドワークを楽しもう！】

学部学生を連れた海外実習の折り、筆者はベトナムで森の健康診断を試したことがある[(2)]。ベトナム側にあらかじめ手軽な場所を選んでもらい、都市近郊にあってベトナム戦争後にマツが植えられ、日本のマツ林にも似た若い林が対象となった。いずれも森林が専門ではないベトナム側教員と学生、それに日本人学生と総勢10人ほどでフィールドワークを行った（写真1）。

写真1　ベトナムでの森の健康診断を使った森林調査

簡単な実習で作業はなごやかに進められた。ねらいどおり、現地で実際の森をみたことで、日本で同じ実習を経験していた学生は日本の人工林との違いを議論しはじめ、初めての学生はその目新しい経験について語ることとなった。海外経験の少ない学生にとって、観光や語学研修とは異なる少し専門的な実習とそれに関係した議論は、現地をより深く理解することに役立った。

写真2　ピクニック気分の昼食時間

目標を掲げての野外での共同作業は、参加者に連帯感を育む。ピクニック気分の野外での昼食休憩（写真2）も副次的なお楽しみである。「森の健康診断」は、やり方が細かく決められていて調査上の制約が多いのだが、それゆえの手軽さや安心感はこのような場合に制約に勝る効果を発揮する。

〔永松 大〕

（2）詳しくは、筒井一伸・仲野 誠・永松 大（2012）「ベトナムにおける「海外フィールド演習」の成果と課題―フエ市でのパイロットプログラムの実施を通して―」地域学論集9（1）、pp.1-21を参照。

1 学び　(3) 岩石から地球を知る

【地球を読み解くために】

　地球科学的な現象は一般的に人為的に引かれた国境と関係なく生じる。海外において、地球科学的な調査を行うことは現象の一般性や広がりを学ぶ絶好の機会である（一方で、その地域固有の特異な現象も存在し、地域性を学ぶ絶好の機会でもあるが、ここでは立ち入らない）。

　地球科学のうち、地質学は主に岩石や堆積物から地球を読み解く学問である。地質は固体地球を構成するが、その記録から固体地球だけでなく、大気や海洋、生物進化さらには天体の運動をも読み解け、惑星地球の歴史と進化プロセスを教えてくれる。そのため、地質を理解するには岩石や堆積物に関する素養だけでなく様々な地球科学分野の素養が求められる。

　さて、筆者は地質学についてほとんど学ぶ機会のない学生をベトナムに連れて行き、地質調査の体験的な実習（海外フィールド演習）を行ったことがある。現地（ベトナム中部フエの周辺）では、地質調査の実習を実施する上で自然科学的な悪条件が多い中、採石場（写真1）

写真1　花崗岩の採石場の様子

で花崗岩の観察を行った。花崗岩は日本の多くの地域で墓石などの石材としてよく用いられ、日本人にとって身近な岩石の一つである。ベトナムでは建材とするために花崗岩の砕石が行われている。

【花崗岩は地球の物質分化プロセスを語る】

　日本とベトナムで花崗岩が見られることは、"似たような"現象が過去に両地域で起こっていたことを示唆する。花崗岩は一般的にマグマだまり内での物質の冷却過程や化学反応を記録し、微妙な化学組成や冷却過程の違い等によって多様な性質を持ち、それらは構成鉱物や岩石組織にも反映される。

　実は地球誕生当初、地球には花崗岩が存在していなかった。花崗岩は太陽系の

惑星の中では地球にのみ存在が確認され、地球の冷却とともに地球独自のプロセス（水の存在とプレート運動）が働いたために形成された。花崗岩は火成岩の中では密度が小さく、プレートと一緒に地球深部に向かって沈み込みにくい。そのため、地球表層に取り残されやすく、現在の大陸や島弧を形作ることになった。我々が花崗岩を観察し、石材として利用できることは、約46億年前の太陽系創成から続く地球だけに生じた物質分化の賜物と言えるかもしれない。このような"ちょっとした"知識があれば、花崗岩を見ることで地球における物質分化の歴史とプロセス（現在も地球で進行中）を思い起こすことができる。

【学習の継続に向けて】

ベトナムの実習でこれまで観察してきた岩石（花崗岩以外では、片麻岩、結晶片岩等）は、学生にとっては大学の授業で全く触れていないものであった。未知の岩石であろうが既知の岩石であろうが、ハンマーやルーペを使って特徴を記載することに変わりない（写真2）。しかし、記載すべき事柄や記載事項を解釈するた

写真2　クリノメーターを使って層理面を計測している学生

めには授業で学んだ以外の知識や経験が必要である。そのため、参加学生は実習中に事前学習の重要性や自分の知識の乏しさを痛感しているようである。一方、他大学しかも他国の学生と一緒に調査・作業を行うことは、ベトナムの学生の気質や地質学に対する姿勢（愛情）について触れる機会を日本の学生にもたらし、今後の学生生活を送る上で良い刺激になると期待される。

引率教員としては、大学で開講されていない分野の授業を、海外フィールド演習を通して行えることは学生に学習機会を与えられる点で一つのメリットである。ただし、訪れている実習地の地質についてはその地質学的意義付けが十分でないため、地質学の醍醐味である現象のダイナミックさを伝えきれていない。帰国後の専門的な学習で海外での実習経験を活かすには、多くの学習時間が必要であり、学生自身による学習時間の確保と学習意欲の継続が課題である。

〔菅森義晃〕

(4) 地形をみる眼—比較の眼を持つことでより楽しく—

【飛行機からの眺めを味わおう】

海外に出かけるとなると、飛行機を利用する場合が多い。飛行機からの眺めは、まさに鳥瞰、地域の全体像を俯瞰するにはもってこいである。「鳥の目」はなかなか経験できない視点であり、ワクワク感に満ちている。しかも時速1,000km程で移動するため、移りゆく景観を楽しむことができる。雲の形も確かに興味深いが、それ以上に大地の眺めは圧巻である。ここで、「地形をみる眼」をほんの少し養っておくと、風景を何十倍、何百倍も楽しめ、飛行機の旅も有意義な時間へと一変する。写真1では、山の上に平坦な台地が残り、川から伸びる谷が、侵食している様子がわかる。ダイナミックに地形が変化する様を瞬時に教えてくれる。

著者は、砂丘の地形研究にたずさわる関係で、乾燥地域にも関心を向けてきた。最近注目度の高いアメリカーメキシコの国境沿い（カリフォルニア湾近く）では、写真2のような洗濯板状の細長い地形が延々と観察される。これらは砂丘であり、写真左側からの風で形成された横列砂丘群であることがわかる。地図で確認すると、幅5km、長さ70km以上にわたり延々と続くImperial Sand Dunes（Algodones Sand Dunes）であった。砂丘は国境を越え、メキシコ側まで続いていた。

現地をたずねて再び驚かされた。この砂丘では、レクリエーションエリアと保全エリアにゾーニングがなされ、

写真1　谷頭侵食が進む平坦面

写真2　Imperial Sand Dunesの空撮（上）とバギー（下）

前者ではバギーやモトクロス・バイクが疾走する景色（写真2）に唖然とした。歩き観る調査は危なくてできない砂丘であった。11月〜5月の休日を中心にして、年間140万人の人々がキャンピング・カーで訪れ、休暇を楽しんでいる。ここは、映画「猿の惑星」などの撮影に利用された場所らしい。まさに「所変われば、品変わる」である。

【ホーム・グラウンドとの比較の眼】

いっぽう「所変われど品同じ」現象にも出くわす。アメリカ合衆国コロラド州にあるGreat Sand Dunesを訪れたとき、メガ・リップル（写真3、波長の長いデカイ風紋）と出会い、とても感激した。鳥取砂丘ではなかなかお目にかかれない代物であった。ところが2013年以降鳥取砂丘においても、ある決まった場所で毎年春先にデカイ風紋が出現するようになった。もしも実物をGreat Sand Dunesで見ていなければ、敏感に反応できなかったかもしれない。鳥取砂丘とGreat Sand Dunesで観察されたデカイ風紋を比較検討し、類似点や相違点を整理することで、形成条件が浮かび上がった。その結果、風洞実験でデカイ風紋の模擬に成功した。

図3　メガ・リップル
上：Great Sand Dunes、下：鳥取砂丘

このようにフィールド間の比較から、現象の理解が進むことがしばしばある。ホーム・グランウンドのフィールドを持ったうえで、海外に出ると比較の眼が養われ、景観から多くの気づきが生まれる。異なる環境における事象を見に行くことは、ただそれだけで価値があるが、さらに比較の眼をぜひ意識したいものである。

〔小玉芳敬〕

学び1 （5）海外でエネルギー利用の現場を調べよう

　東日本大震災で発生した福島第一原子力発電所の事故によって、国内にあるほとんどの原子力発電所の稼動が停止したことで、原子力発電の利用を含めて、どのような電源構成で電力を供給するべきかの議論が継続的に行われている。将来にわたる人口の増加に伴い、世界のエネルギー需要がますます増大していくものと予測されている。私たちの暮らしに必要なエネルギー資源は、海外からの輸入に頼っているのが現状であるが、その事実をあまり気にすることなく、電気やガス、ガソリン燃料、プラスチック製品等を当たり前のように使って生活している。国内における将来のエネルギー需給のあり方を議論することも大事であるが、そもそも世界のエネルギー資源が枯渇することが懸念されていることを考えると、世界のエネルギー問題とその現状にも関心を向けることも重要である。したがって、将来を担う若者が世界のエネルギー問題の現状を理解し、課題解決に向けて取り組んでいくことは、エネルギー資源を輸入に頼る日本にとって大きな意義がある。そのような思いから、エネルギー問題を体感する現場にて、学生とともにフィールドワークを実施してきた。

【石油資源の採掘現場を知る】

　地球内部から採掘される化石燃料やウラン資源、さらに太陽、風力、水力、地熱等の自然エネルギーを一次エネルギーといい、私たちは一次エネルギーを電気や都市ガスなどの使いやすい形態に転換して利用している。世界の一次エネルギー供給のうち、化石燃料やウラン資源が約9割を占めている。筆者は、日本では見ることができない石油採掘の現場を視察するため、学生とともに中国北西部の新疆ウイグル自治区のカラマイ油田や東北部の大慶油田を訪問したことがある。写真1に示すような採油装置は、自噴することがない油井から採油するために稼動している。中国内陸部の広大な土地の中に、多くの採油装置が稼動している様子は、常に需要がある石油資源の重要性を象徴している。また、メキシコラパス市でのフィールドワークでは、国営の電力会社の石油火力発電所を訪問したことがある。メキシコは石油資源が豊富な国であり、その石油資源を利用した発電事

業の重要性とラパス市の電力事情を知ることができた。また、火力発電所からの排煙が地元の大気環境に悪影響を与えることを心配して、市民運動が起こっているなど、日本の事情とは異なる現地の環境・エネルギー問題の実情を学ぶことができた。

写真1 大慶油田の採油施設（中国）

【遠隔地での太陽光発電の利用】

海外の途上国や電力網が発達していない遠隔地では、メンテナンスが必要ないという利点を活用して、太陽光発電システムを送電線に接続せずに利用している。メキシコラパス市の郊外にある山間地でのフィールドワークでは、貴重な井戸水を汲み上げるポンプの電源として使用されている太陽光発電システムを見学した（写真2）。ここでは、近くに暮らす住民が地下水をタンクに貯水し、トラックで運び出して家畜の飲料用水として使用していた。以前は、ディーゼル型発電機を用いてポンプを駆動していたので、故障が多くて維持管理が難しかったそうだ。そのため、燃料費や維持管理費が負担となっていた。しかし、州政府の普及政策と経済的支援により、太陽光発電システムが導入されたおかげで、前述の問題点も解消され、使いやすくなったそうである。この現場の太陽光発電システムには、日本企業の太陽電池が使用されていて、学生一同が驚いていた。このような現場を体験することで、エネルギー供給に関連する技術や政策について学ぶとともに、日本と現地の状況を比較することで、エネルギーの大切さにも気づくことができる良いきっかけとなった。

写真2 山間地での太陽光発電（メキシコ）

〔田川公太朗〕

(6) 海洋ゴミを考える

近年、国境を越え海上で漂流・漂着するゴミや海底に沈むゴミの問題が、地球規模の海洋汚染問題として深刻化している。例えば太平洋海域の島々では、漂流・漂着した漁網や釣糸が海洋生物に絡まったり、劣化して砕けた小さなプラスチック粒状物を魚や鳥が餌と間違えて誤飲したりするなどの被害が報告されており、海洋生態系に与える大きな影響が心配されている。

【海岸に漂着する多国籍のゴミ】

山陰地域の海岸を歩くと、散乱する多くのゴミに混じって、発泡スチロールやペットボトルなどのプラスチック類、網や浮きなどの漁具類を中心に海外から漂着したゴミを見つけることができる（写真1）。漂着ゴミの外観とそれに記載されたハングル文字、中国語、ロシア語などは、各国の雰囲気を感じさせるものであり、日本海を取り

写真1　散乱する海洋漂着ゴミ

囲む各国の位置関係や海域を循環する海流の様子などへも容易に想像を膨らませることができる。一方で、散乱したゴミが海岸の景観を壊すことや、ライター、スプレー缶、注射器具などの危険物に加えて冷蔵庫などの大型廃棄物も漂着しており、海岸の維持や安全管理の面から問題視されている。さらに、塩分や砂が混入したゴミの処理は難しく、その処理費用が莫大であることから、ゴミを回収・処理する自治体には大きな負担となっており、海洋ゴミという地球環境問題は、一転して地域を悩ます課題にも変容する。

【海洋ゴミの解決に向けて】

では、日本から海に流れ出たゴミはどこに漂着するのであろうか。先の東日本大震災による津波で海へ流された瓦礫、漁具、船などの震災ゴミが、北米の西海

岸へ大量に漂着した事例が表しているように、日本から流れ出たゴミは海流に乗って太平洋海域へ漂流し、先に述べたような海洋環境汚染を引き起こす要因となっている。このように海洋ゴミの問題では、ゴミの発生源となる地域と被害を受ける地域が常に同じでなく、どちらの立場にもなりうることを知っておかなければならない。したがって、問題解決に向けて、関係する国や地域が相互に現状を認識し、協力することがとても重要となる。すでに日本、中国、韓国およびロシアの関連国際機関や研究機関が連携し、海洋ゴミの漂流実態を調査している。また民間レベルでは、海洋ゴミの問題を地域課題としてとらえ、国内各地で海岸でのゴミ回収活動やゴミ投棄を防ぐ啓発

写真2　鳥取砂丘での海洋漂着ゴミの回収

写真3　天橋立における地元住民との交流

活動が地元住民を主体にして実施されている。筆者も、日本と韓国の大学生たちが海洋ゴミの現状を相互に理解し、国際的な海洋環境問題の解決に向かって協働する実践研修を企画・支援している。韓国の学生が山陰地域の海岸でゴミの回収を行い（写真2）、韓国から流れ出たゴミによる被害を把握する一方で、日本の大学生が韓国の海岸部のゴミの状況を視察し、中国から現地に漂着するゴミの現状を知るなど、両国の多くの大学生が海洋ゴミの実態を目の当たりにしている。これらの活動では両国の各市町村の自治体、国際交流団体、地元ボランティアの多くの人々を巻き込み、海洋ゴミに関することに加えて、日本と韓国の文化・自然・歴史などの相互理解にも努めている（写真3）。これらの活動に10年近く関わっている経験から、国境を越えた地域間の協働作業では、お互いの地域や人を知ることが前提であり、いかに重要であるかということに気づかされている。

〔田川公太朗〕

学び1 (7) 海外で日本にルーツのある人と話す

　現地での調査の方法にはいろいろあるが、地域の人々と直接話を聞いたり、会話したりすることからも情報や、学ぶ機会を得ることが多い。ここでは日本にルーツのある人との出会いを通じて、どんなことを学ぶことができるのかについて、アメリカとカナダでの学生の体験などを踏まえながら考えていきたい。

【コミュニティの多様性】

　日本と海外との交流の歴史は長く、日本にルーツをもつ人々は世界中にいる。しかし彼らの経験は現地の社会や歴史の影響を受けて多様である。例えば、サンフランシスコ、サンホセ、バンクーバーは、いずれも北アメリカ大陸の都市であるが、日本にルーツを持つ人々をめぐる環境は異なる。サンフランシスコには北米で最も古く、また最も大きいジャパンタウンがある。地震や第二次世界大戦を経て、コミュニティの様子は変化しているが、日系のコミュニティセンター（Japanese Cultural and Community Center of Northern California, JCCCNC）があり、活発に活動をしている。一方、サンホセのジャパンタウンはもっとこぢんまりしている。が、そこには日系アメリカ人博物館などもあり、仏教のお寺や友愛会というシニアサービスセンターなど日本にルーツをもつ人々が、地域のニーズにどのように対応しているのかを垣間見ることができる。カナダのバンクーバーでは、第二次世界大戦で大きな影響を受けた旧ジャパンタウンの様子を見ることができる。またダウンタウンから少し離れたところでは、国立の日系博物館（Nikkei National Museum & Cultural Centre）があり、その歴史的な変遷を知ることもできるし、アニメのコスプレといった現代の日本文化に関するイベントも開かれている。

【体験の多様性】

　コミュニティ自体が多様であるように、日本にルーツのある人といっても、その体験は多様である。第二次世界大戦中の強制収容所の体験をした方やそういった話を家族から聞き、知っている人もいる。一方、自分と日本とのつながりにつ

いて、最近になって初めてよく考えるようになったという方もいる。そういった人々はジャパンタウンや日系関連施設でお会いすることもできるし、ショッピングモールやレストランといったもっとインフォーマルな形で、お会いし、お話を聞くことができる。そういった体験を手短に述べることはもちろんできないが、お話を聞くことによって、どんな気づきができたのか、一緒に旅をした学生の体験を踏まえて紹介したい。

　会話をしてすぐ気づくことだが、意外と驚くことに言葉がある。海外で「日本人」と見える人と出会うと、なにかしらの安堵を感じることがある。だが、若い三世や四世の日系人の人は、外見は日本人と変わらないのに、全く日本語がわからないことがあり、学生の中には戸惑いと驚きを感じる人もいる。そうなるとコミュニケーションは容易には進まず、英語、ジェスチャー、辞書、通訳が総動員されるわけだが、そんな彼らも「我慢」や意外な、そして少し古い日本の単語を知っていて、日本とのつながりのありかたに驚かされたりもする。

　また、日本語を話さないのにもかかわらず、日系の文化的な施設にかかわっている人のお話を聞くことは、文化的なアイデンティティの複雑性について考えるきっかけにもなる。日本語クラス、文化行事、子供のための活動、そしてお年寄りの方へのサービスなど、様々な形で取り組んでいる様子を聞くことは、言語とエスニシティや文化的なアイデンティティが必ずしも一致しないことを知る機会にもなる。

　歴史についての新たな気づきを感じることがある。海外を視野に入れた日本の歴史、特に第二次世界大戦、そして、戦後から近年に至るまでの社会変化について、いかに自分たちが知らないのかと感じることがある。そして、逆にそういった歴史や伝統が、日本をはなれた人々や地域コミュニティにとって、いかに大切な影響をもたらしているのか気づくことが多い。

　ここでは日本にルーツのある方々とお話しすることに注目したが、海外で多様な文化的、社会的背景の人々と話すことによってさまざまな発見がある。その体験は歴史、文化、言語、ジェンダー、宗教、民族、そしてアイデンティティなどのより広く重要なテーマを学ぶきっかけになる。

〔ケイツ A キップ〕

(8) むらびとに聞く

　じっくりと耳を傾けることによってしか、聞くことができない話がある。世界の村々には、そのような話がフィールドワーカーを待っている。インドネシアでのフィールドワークの際、我々は学生とともに、ある村で、第二次世界大戦を幼少期に体験した方から話を聞く機会を得た。インドネシアは17世紀以来オランダ領だったが、1942年に日本軍が防衛線構築と石油資源を狙って占領して以来、1945年の日本降伏までの約3年半、日本の統治下におかれていた。村でお聞きしたのは、その方が、日本統治時代の経験から私たち日本人に伝えたいことであった。

　話の途中、その方は、「日本の占領政策は、オランダ統治時代と比べ、さまざまな知識を自分たちに与えてくれたので『よかった』」と語った。オランダが長きにわたって採っていた、人々に教育などを十分に施さない政策（いわゆる「愚民政策」）と比べて、日本は、教育制度を整え、銃の使い方など戦争の仕方なども教えてくれたからだ、という。その方は、歌詞の一部が変容した「君が代」も歌ってくれた。

　むろん、このようなストーリーには問題点が含まれている。それは、当時の日本を含めた宗主国が用いてきた論理、すなわち「文明化による進歩」を手助けするという名目で、植民地支配を正当化する普遍史観の問題である。それを通じて宗主国は、植民地の文化や精神性、歴史を収奪し、消却してきたことを忘れるべきではない。

　だが、話の要点は、長い話の最後の最後に語られた。その方は、それらの話ののち、そっと優しく「私たちはあなたがたを赦します」と述べたのである。この出来事について、ある学生は次のように記している。

　私たちが体験してなくとも日本の侵略や戦争の過去は事実であり消せない。しかし、未来は今を生きる私たちに因るものであり、良い方にも悪い方にも私たち次第で変わる。憎しみや争いは結局互いに無益である。お父さん〔引用注、お話をしてくださった方〕が、本来憎むべき対象の私たち日本人に理解と協調性を示してくれたように、この志を私たちもつなげていかなければならない[1]

　彼女は、その方の言葉に最後まで耳を傾け、話の内容を、「オランダの統治か

らインドネシアを助けた日本」という一面的な観点からだけでなく、「占領による不幸な歴史や負の感情はあるが、しかし相互理解や協調を目指したい」という真意とともに掴んでいたのである。

【「想定外」を大切にすること】

　村で長い時間、話を聞くことは、我々、引率者にとっても想定外の出来事だった。だが、ぜひ学生たちに思いを伝えたいとの希望を受け、予定変更の可能性を検討のうえ、ゆっくりと話を聞くことにしたのだ。村で平飼いして育った鶏や、その卵、新鮮な野菜など、健康的なもてなしの夕食をご馳走になったあと、居間に車座になり、時間をかけて話を伺った。もし私たちが事前に組んだ計画を予定どおりこなしていれば、我々は、その方の話、あるいは「真意」を、十分に聞けなかったことだろう。むらびとの時間や話し方は、我々のそれらとは大きく異なっているのである。

　ここに一つの教訓がある。それは、「想定外」の出来事を大切にすることの意義である。我々は、ときに「国際化」や「国際交流」の重要性をうたいつつ、それらにまつわるさまざまな機会を、事前に事細かに組んだスケジュールや目的の中で、計画的に進め過ぎてしまうことがある。計画の変更は、安全性やスケジュールを優先する視点の下で、忌避されがちだ。むろん海外での安全は、最重視されるべき視点であることは確かである。また、計画を立てて活動を行うことによって得られるメリットもある。しかし管理が過ぎると、フィールドワークは、ときに企画旅行のようにもなってしまう。そのようなフィールドワークは、我々が事前に予想した結果しかもたらさない。「見たいもの」「見せたいもの」しか見ないようなフィールドワークでは、新たな発見が見出される余地はきわめて少なくなる。

　フィールドワークでは、なにより、訪れた土地で、目に見えないものに丁寧に耳を傾ける意識が重視される。そのためには、安全性に配慮した計画的なスケジュールを立てる一方で、しかし、「想定外」の出来事をも大切にできるような余裕を併せ持つことが求められるのではなかろうか。　　〔小泉元宏・仲野　誠〕

（1）仲野誠・小泉元宏・アクバル ナドジャル ヘンドラ・ハリ ナレディ・デズビアン バンダルシャ（2013）「『海外フィールド演習』における他者との出会いの効用―インドネシアプログラムを事例として―」地域学論集10（2）、pp.1-44。

学び 1　（9）断食は幸せ？

　外国で生活していれば、未知のもの、馴染みがないものに当然出会う。なかには、偏った事前情報から身構え、そもそも無関心である事柄や習慣もあるだろう。多くの日本人にとって宗教は、まさにそのひとつではないだろうか。例えば、日本では最近、健康やダイエットを目的とした断食が注目されているが、宗教行為としての断食はあまり知られていない。著者の一人の伊藤（以下、私）も、断食に対し、厳しくて辛そうというイメージを持つだけで、断食についてほとんど何も知らなかった。しかし、インドネシアで実際に断食を経験する中で、多くの気づきがあった。

【断食とは】

　インドネシアは、国民の約9割がイスラム教徒からなる、世界最大のイスラム人口国である。イスラム教徒には五つの義務があり、その一つが断食である。
　断食の期間には約1ヶ月間、日の出前から日没までのあいだ飲食が禁じられる。断食は、義務の一つであるだけではなく、忍耐力を鍛え、貧しい人の気持ちになり、神様からの恵みに感謝するといった意味を持っている。
　私も実際に断食を行ってみたが、空腹に耐えきれず日没前にご飯を食べてしまったり、日の出前に起きるので、日中眠くなったりした。体が慣れるまでは、不自由さや疲れを感じ、大変であった。
　しかし、大変なことはこれだけではない。断食中は飲食だけではなく喫煙や性行為、特別な場合を除き、投薬も禁止されている。さらに、怒ること、嘘をつくこと、他人の噂や悪口を言うことなども、慎まなければならない。あらゆる欲や悪を抑え、「良い人」であるように努める。なぜなら、イスラム教には、断食中の善行が神様から認められれば、一年間の自分の間違いや罪が消され、新しい人に生まれかわるという考えがあるからである。

【断食を通して見えた景色】

　私は本当の意味での宗教的な断食ができたわけではないが、断食を通じて、い

つもとは違う光景がみえてきた。断食が明けると、まち全体がいつも以上に賑やかで幸せな雰囲気に包まれる。空腹や喉の乾きに一緒に耐え抜いた一体感や、断食を終えられたことへの安堵、そしてなにより、みんなでおしゃべりしながら一緒にご飯を食べられる幸せが、これらの雰囲気を生み出しているのであろう（写真1）。

写真1　お店にて断食明けを待つ様子（2015年）

　断食を通じて、インドネシアの人々の新たな一面も見た。ある断食期間の日、インドネシアの友人が、「怒ってはだめ」と自らに言い聞かせながら、気持ちを落ち着けようとしていた。彼女の知人の態度に腹が立ってしまうことがあったらしい。しかし、彼女は、愚痴のひとつも言わずに、自分の感情と必死に闘っていた。「良い人」であろうと努力する友人は本当に美しく、愛おしかった。

　また、私が断食明けに食べ物を買いにいこうとしたときに、「もう食べたか？」と声をかけてくる人がいたこともあった。私が「まだだ」と言うと、すぐさま持っている飲み物や食べ物を差し出してくれた。彼らも空腹で、自分のためにそれらを買ってきているはずだが、そのようなときでさえ他者を気遣う姿勢が見てとれた。

　実際の断食は、大変なことはもちろんあるが、かつての私が想像していた過酷なものとは、違っていた。断食はいつも以上に親切なひとたちの愛情に溢れていた。インドネシアでは、断食は辛さだけではなく、それ以上の幸せを生み出していたのである。

　断食はインドネシアの人々とはもちろん、私が見えていなかったこと、勘違いしていたこと、そもそも知ろうとしていなかった自分とも向き合わせてくれた。海外へ旅行する際、宗教行事や行為に配慮や注意は必要であるが、雰囲気を肌で感じたり、もしくは、可能であれば宗教行事を共にしたりして、ぜひ、目の前の相手のこと、そして、自分自身ともしっかり向き合うきっかけにしてほしい。

〔伊藤紀恵・仲野　誠〕

学び1 (10) "頭の中の地図"を見てみよう！

ベトナム農村でのフィールド調査では常に「地図問題」がつきまとう。それは地図の入手困難さに加えて、学校教育で地図を活かすことが少ないことに起因する農村住民の地図リテラシーの欠如も関連している[1]。つまり地域住民に"正確な地図"を見せながらインタビューをして地域の生活や景観に関する調査を行っても、いざ現地で確認すると位置情報が大きく間違っているということがよくある。このような筆者の経験を逆手にとって企画したフィールド演習のメニューが"頭の中の地図"から住民の生活を見てみようという調査である。

【メンタルマップという手法】

皆さんの自宅から学校や職場までの経路を思い出していただきたい。家の玄関を出て学校や職場の入り口にたどり着くまでに目に入る場所や建物、そして経路上の風景などを思い浮かべる要素があるであろう。これらはメンタルマップと呼ばれ、人々は無意識のうちに頭の中に地図を描いて行動しているのである。通常はメンタルマップを簡便に捉えるために、対象地域の地図をフリーハンドで描いてもらう方法がとられる。得られた手書きの地図の地物を実際の地域（空間）における対応物との対比、ないしは"正確な地図"と

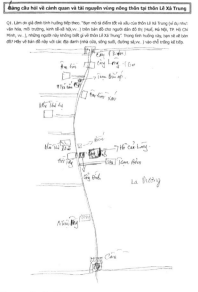

図1　集落長のメンタルマップ

（1）ベトナムの農村住民の地図リテラシーの実態については以下を参照。TSUTSUI Kazunobu, Truong Phuoc Minh, Nguyen Kim Loi（2014）「クアンナム省農村住民の「地図リテラシー」と「空間リテラシー」に関する研究」ダナン師範大学科学・教育雑誌11-2, pp.30-36。（ベトナム語）。

の対比でみてみると、その描き手の空間的知識の広がりが分かる[(2)]。

　ベトナムでのフィールド演習で学生が地域の方々に描いてもらった集落地図をみてみよう（図1）。自分の家の周りのみを詳細に描いている地図や、村の全体を詳細に描いているものまで様々なものが並んだ。村の全体を最も詳細に描かれた方は、調査を行った村の集落長であった。集落長だから全体的な地図を描くことができたという断定は出来ないが、役職柄、普段から村全体を把握されているからこそ、広範的な地図を描かれたのではないかと考えられる。

【コミュニケーションツールとしての地図】

　学生によるメンタルマップを用いた手法はベトナム農村の住民の空間認識を調べるという調査目的のみで導入したわけではない。この調査において関係するのは調査者の日本人学生とベトナム人学生、そして調査に協力していただく住民の方々である。この三者のコミュニケーション体験を考えた場合、用いるツールの選択が難しい。ベトナム語であれば日本人学生が解さず、英

写真1　メンタルマップの調査を行う日越学生とベトナムの住民（2013年）

語であれば住民の方々が理解できない。しかし書くもの（文字）だけではなく描くもの（地図など）を活かすことでその三者のコミュニケーションを手助けすることができる（写真1）。フィールドを体験する、それは地域の生活空間を体感すると同時に自己の普段の生活空間とを比較するというインターローカルの視点を有する。それをより充実させるには通常の言語という第一のコミュニケーションツールだけではなく、第二のツールとして地図を活かすという視点も重要である。

〔筒井一伸〕

---

(2) 若林芳樹（2013）「行動地理学とメンタルマップ」人文地理学会編『人文地理学事典』丸善出版、pp.44-47。

1 学び (11) プチ留学―現地の授業に参加する―

　大学生が海外に出るとき、それが所属する大学に関係したプログラムなら、訪問先は海外の協定校に関係していることが多いだろう。送り出す大学側は、学生交流の協定を結んでいる海外の大学と協力して交流プログラムを組み立てるのが普通である。例えば語学研修プログラムなら、日本人学生が夏休みなどに協定先の大学に一定期間滞在し、大学の寮または関連のホームスティ先で日常会話を磨きつつ、大学が用意したプログラムで語学の授業を受ける、といったしくみである。語学研修より短期で、学生交流をメインにしたプログラムでも、交流行事中に協定先の大学を訪問して、現地事情などに関するレクチャーを受ける機会があるだろう。

　語学研修なら学生のスキルにあわせて、学生交流をメインにしたプログラムなら目的に合わせて、授業やレクチャーが用意されるはずである。いわば、「交流用」に用意された授業を受けることになる。日本人学生にとって、日本語以外で授業を受けることはそれ自体が大きな経験ではある。だがこれに加えて訪問先の大学で正規生向けの「通常」授業、あるいは専門分野の講義を受けるチャンスがあれば、学生にはさらに大きな刺激になるのではないか。その大学で実際に行われている授業に触れることで、次のステップである「正規留学」を、自分に身近なものとして考えるきっかけになるのではなかろうか。

【鳥取大学地域学部の例】

　鳥取大学地域学部では、パスポートも持っていないような海外初心者の学部生を対象に、交流協定先の大学に1週間〜10日ほど滞在する「海外フィールド演習」を行ってきた。これは単なる交流プログラムでなく、引率者の専門分野に関する現地実習を行うことが特徴である。筆者は大韓民国・江原大学校（Kangwon National University, 江原道春川市）のプログラムを担当した。内容はゼロからの手づくりで、例えば先方の大学の教員・学生とともに宿舎への泊まり込み合宿をおこなって学生交流をすすめた。引率教員の専門分野にあわせて大学内で分野の近い研究者を探してもらい、滞在中の実習を手助けしてもらうとともに、その

後の研究交流発展を意図した。

研究者の方々には、例えば韓国の再生可能エネルギーの導入状況や森林資源事情など英語による専門分野の講義をいただいた。関連する授業や実習を受講済みの学生たちからは、英語の壁を乗り越えて理解できたのが嬉しく、新たな知識を得る新鮮な喜びを感じたと感想をもらった。ある時、江原プログラム全般をお世話いただいていた教員の方の大学院授業に参加させていただいたこともあった（写真1）。

写真1　江原大学校での大学院授業への参加（窓側の5人が日本人学生、2014年）

留学生も入った授業で、出身国と韓国の経済の違いを考えさせる内容は参加した日本人学生にもわかりやすく、少しだがディスカッションに参加する学生まであった。いずれも、引率者が学生たちに知的興奮を喚起した手応えを感じた試みとなった。

【訪問先の大学を味わい尽くそう！】

参加した学生はほとんどが初の海外渡航であり、授業への参加以前に海外の大学を訪問するのも初めてのことが多かった。参加時はすべてが新鮮な体験であり、授業への参加は海外で経験したことのひとつ、程度かもしれない。しかしプログラムから時間が経つにつれ、海外の大学授業に参加した「プチ留学」経験は、海外渡航に関する次の段階（短期や長期の留学）のイメージ形成に影響してくるのではなかろうか、そう期待したい。

教員にとっても、交流プログラムにより期待されるような共同研究をすぐに始めるのはハードルが高い。しかし専門分野や大学院の授業見学は引率者にも刺激的で、日本の大学での授業改善につながる、いわば海外FD研修の趣きがあった。学生だけでなく教員にとっても、訪問先大学での授業参加・見学は意義深い。

〔永松　大〕

(12) プレゼンテーション体験

昨今、大学生や大学卒業生が社会から求められているスキルのひとつに、自身の情報発信能力が挙げられる。大学で培うべきなのはむしろ語る内容のほうだろうとは思うが、スマートで訴求力のあるプレゼンテーションの能力を高める訓練が、大学教育の中に求められていることも間違いない。

今の大学生は、幼い頃からIT機器に親しみながら成長してきた"デジタルネイティブ"の世代といわれる。彼らと日々接していると、確かにデジタル機器の扱いには慣れているが、情報の活用能力や機器を扱うスキルが真の意味で向上しているかには疑問がある。だが、高校までの段階でプレゼンテーション技術が意識され、訓練の機会も多くなっているおかげで、今の大学生は確実に以前よりもスマートにプレゼンテーションをこなす。では、大学の授業・実習、ゼミ、卒業研究を通じてさらにプレゼンテーション能力に磨きをかけるには何が必要だろうか。ここにも「海外」の経験がかかわれるのではなかろうか。

【英語でのプレゼンテーション訓練】

若いときの訓練は、それが不完全でも経験や自信として後年に生きてくる。大学生の海外での英語によるプレゼンテーションが、例えばそれにあたるのではないか。鳥取大学地域学部で行ってきた学部生向け「海外フィールド演習」ではこのような考えのもと、海外に渡航しての実習の締めくくりに、参加学生一人一人に実習成果をとりまとめた英語プレゼンテーション発表を課している。

学生たちは日本からPCを持参する。実習中にプレゼンテーションソフトを使って資料を作りあげ、短時間ではあるが滞在の終わりに一人ずつ英語で口頭発表を行う。実習中に引率教員や現地の学生たちと議論を重ねながら発表の構成を決める（写真1）。滞在中の

写真1　韓国人学生（左）との激論

講義や説明資料、パンフレット類、撮りためた写真、事前に用意してきた資料やインターネット上で探し出した資料等を使って発表準備を行う。学生たちは、スライドの準備と発表内容の英作文を深夜までかかって準備する。現地学生やスタッフを前にドキドキしながら発表に臨み、質疑を行う。発表会がきちんと成立するか、学生がどのく

写真2　英語でのプレゼンテーション

らいしゃべることができるか、毎度毎度、教員側も不安ではあるが、実際の発表会は案外きちんとした形になる。緊張感のある会での発表経験、かみ合うことは多くないが、なんとかやり通す質疑は、学生たちに大きな達成感を与えている。英語によるプレゼンテーションは、海外フィールド演習のクライマックスにふさわしい経験である（写真2）。

【事前準備は難しいが、効果はある】

　理想を言えば、日本を発つ前の事前研修で実習内容を学生にもっときちんと勉強させておきたい。プレゼンテーションのテーマを事前に決めて、スライドもある程度まで作り込んでおくことが完成度の高い発表につながるだろう。しかし現実には、引率教員も現地で何を見学できるか、何を実習できるかあらかじめ具体的に想定するのは難しい。学生にいたっては初めての海外渡航である場合が多く、彼らは専門性のある実習内容より、現地で見聞き、体験した人や文化、交流に興味を惹かれる傾向がある。学生たちは滞在中の印象的な体験を発表内容に盛り込みたいと考えることが多く、これに応える必要から事前のつくりこみは最小限で済ませてきた。

　短時間で準備したプレゼンテーションのため、考察の広がりや深まりに欠けるのは否定できない。しかし英語発表に必要な一通りのプロセスは経験できる。この経験が、参加学生の将来の研究活動における国際学会発表、あるいは就職後の英語プレゼンに役立つことを期待している。

〔永松 大〕

2 生活　（1）人々が交わる食堂

　旅にはその土地の自然や食べ物、文化など色々な楽しみがある。そして、現地の人との出会いや交流も旅の楽しみのひとつだろう。インドネシアでは、「ワルタッグ（warteg）」と呼ばれる食堂がある。まさにそこは、現地の人と出会える絶好の場所である。

【現地の人々に愛されるワルタッグ】

　ワルタッグとはインドネシアの庶民的な食堂で、町中に存在する。多くのワルタッグではメニュー表は置いていない。そのかわり、カウンターやガラスケースのなかに大皿やバットに盛られたおかずが何種類も並んでいる。インドネシアを代表する有名な料理というよりも、現地の人々が慣れ親しんだ家庭の料理である。

　おかずを選ぶと、お店の人が、ご飯の盛られたお皿におかずをついでくれる。ご飯の量を調整してもらったり、おかずのたれをかけてもらったり、お店の人とのやりとりで、自分だけのワンプレートができあがる（写真1）。一つの皿に、ご飯、おかず、おかずのたれ、すべてが混ざり、豪快ではあるが、とてもおいしい。ご飯を食べたら、合計金額が伝えられ、会計を済ませる。値段を知らずに食べるのはドキドキするが、一般的にワルタッグは低価格なので安心してお腹いっぱい食べられる。

写真1　二種類のおかずとご飯（ハムカ大学近くのワルタッグ pasar rebo）

【コミュニケーションなしには帰れない食堂】

　ワルタッグの店内はそれほど広くなく、カウンター席のみの店も多い。店の奥はワルタッグの店主の家に繋がっていることが多く、小さな子どもがお店の一角で寝ていたり、学校から帰った子どもたちが、店内にあるテレビを見ながらくつろいだりしている様子も見られる。まさに、店と家の境界がなく、お店という

よりも、ワルタッグの店主の家にご飯を食べに来た感覚になる。

このようなワルタッグでは、お店の人とお客、さらに、お客同士の距離も近い。前述のように、メニュー表も値段表示もないため、ワルタッグでは店の人とのやりとりが必須である。また、狭い店内で、カウンターで横並びになることや、相席になることもあるため、客同士にも自然とやりとりが生まれる。

写真2 仲良くなったワルタッグの家族と著者（2015年）

これまで著者の一人の伊藤（以下、私）は、狭いワルタッグの空間のなかで、さまざまな出来事を体験してきた。例えば、相席になった人が、無言で「食べろ」と言わんばかりに、屋台で買ってきた揚げ物を私の前に置き、目で合図を送ってきたこともあった。またある時は、ワルタッグの店主が、いつのまにかテレビのチャンネルを日本のアニメに替え、チラチラとこちらを見ながら、私の反応をうかがっていた。これらの出来事からは、言葉や会話を全く伴わないものの、彼らの優しさや気遣いを十分感じることができた。そのような人々と同じテーブルでご飯を食べ、みんなで店にあるテレビを観る経験は、奇妙な一体感や安心感を得るものだった。ワルタッグは、一つの大きな家族のようであり、お腹だけではなく、心も満たされる場所なのである（写真2）。

ワルタッグのような現地の人の通う場所は、旅行者にとっては少し入りにくい場所であることが多い。私も何度も勇気が出ずに入るのを断念したことがある。言語の心配も当然あるだろう。さらに、ワルタッグを食事する場所とだけ捉えていれば、ワルタッグのシステムやそこでの出会いを煩わしいと思うかもしれない。しかし、ワルタッグのような、一つの食堂を通して、日常生活、人々の性格、家族のあり方など、いろいろなものが見えてくる。多い外国での滞在は、食べる時間や移動時間など、その全てが貴重である。言葉を介して意思疎通することだけが大切なのではなく、現地の人と自分が、同じ空間で、同じ時を過ごしていること自体、素晴らしいことであるはずだ。少し勇気がいるかもしれないが、現地の人が集う食堂を、あるいは食堂のような場所を訪れ、出会いや発見にあふれた旅を楽しんでみてはいかがだろうか。

〔伊藤紀恵・仲野　誠〕

2 生活 (2)「食」という手がかり

【海外で「日本でもよく知られた店」に行く理由】

　海外にいると、無性に日本でもよく知られている店で食事をしたくなるときがある。海外で緊張した生活をしているために、せめて食べ物ぐらいは慣れたものを食べたいという気持ちが働くのかもしれない。実際、例えば中国で外食をしようとすると、漢字ばかりのメニューで注文すること自体が大変ということが少なくない。その点、いわゆるファーストフードのような店であれば、そのような困難は全くなく、安心である。しかし緊張を避けるという以外にも、日本で知られている店で食事をする理由はある。というのも、そうすることで、むしろ日本との違いを具体的に理解する手がかりを得られるからである。

【「食」のグローバル化は単純ではない？！】

　例えば経済発展の著しい中国上海では、「マクドナルド」や「スターバックス」といった世界的な多国籍企業が多数進出している。また「すき家」のような日本の外食産業チェーンも当然のように進出しており、日本にいるのと変わりない食事を摂ることができる。このことだけ見ると、グローバル化に伴って、有名な企業がどんどん世界中に進出し、世界の均質化が益々進みつつあると考えるのが自然であろう。しかし実際に現地に行ってみると、事はそう単純ではないということに気づかされる。

　一例を挙げると、上海で最も良く見かける日本の外食チェーン店は、「すき家」でもなければ「吉野家」でも「餃子の王将」でもない。熊本に本店をもつラーメンチェーン「味千ラーメン」である。「味千ラーメン」は、ラーメンチェーンに限って言えば、比較的大きなチェーンではあるものの（2016年現在、全国86店舗）、日本国内においても巨大な外食チェーンとは言えず、例えば鳥取県には現在のところ店舗が存在しない。しかし、上海では大きな繁華街には必ずと言っていいほど、かなり立派な店構えの「味千ラーメン」の店舗が存在しており、大抵の場合、かなり繁盛している印象を受ける。鳥取に１軒も存在しない日本のラーメンチェーンが上海の至る所に存在するという現実は、グローバル化が先に述べたよ

うな単純なプロセスではないことを示すのに十分な事例であろう。

また一方で、上海で（おそらく中国全土においても）いたるところに存在しているにも関わらず、日本ではほとんど知られていない中国のラーメンチェーン（？）も存在する。上海の繁華街の路地裏などで頻繁に見かける「蘭州拉麺」がそれである。日本のラーメンとは少し違って、むしろコシのある冷麦といった感じの麺と、牛の骨でとったスープが特徴のラーメンなのだが、値段も安く、大抵の場所にあり、味も安定しているので、食べるものに困った時には、頼りになる店である。全ての店が同一のチェーンに属しているのかは定かでないが、ここで「牛肉拉麺（ニューロー・ラーミェン）」と言えば、10元〜15元程度でラーメンを食べることができる。最近は日本にも「蘭州拉麺」を名乗る店があるそうだが、中国での浸透度とは比較にならない。

写真1　上海市内にある「味千ラーメン」の看板

【「ローカル」の意味を問い直す食べ方】

グローバル化する社会においては、「食」についてもまた、世界とのつながりや、それに伴う均質化の流れを否応なしに意識させられる。しかし、実際に海外に出てみると、同じチェーン店の同じ商品に対しても、受け取る価値は地域によって異なり、価格自体が異なることも珍しくないことが分かる。また、大規模チェーン店のようなものであっても、受け入れられ方は様々であり、同じように浸透するとも限らないことが見えてくる。このような体験を通じた、「ローカル」の問い直しが、今こそ必要なのかもしれない。海外を訪れた際には、是非その地域の「食」にも注目して、「グローバル」と「ローカル」の関係について考えてみてほしい。

〔小笠原　拓〕

2 生活

（3）みだしなみ

「郷に入っては郷に従え」ということわざがあるが、海外に出かけると普段当然と思っていたこととは違う状況に出会い、良くも悪くも戸惑うことがある。使用言語やジェスチャーの意味の違いといった比較的わかりやすいものもあれば、一見気づきにくい違いに戸惑うこともある。洗濯、風呂の違いについての例を挙げながら、そういった違いが旅する人によっては大変重要だということにあらためて気づいたことについて触れたい。

【洗濯】

ほんの数日なら着替えをすべて持っていけばいいが、少し長い滞在になると気になるものの一つが洗濯だろう。旅慣れた人にとっては当たり前すぎて、初めて出かける人への説明が足りなくなって困ったという話が多い。マレーシアのある大学で約3週間の語学研修に行った学生は、現地で洗濯をするため、一回分ずつ袋に入った洗濯機用の粉洗剤を持参したそうだ。だが、現地では洗濯機はなく、浴室で手洗いをしなくてはならなかった。手洗いとなると粉洗剤は使いにくく、洗濯兼シャワーの時間は大変憂鬱なものだったと語ってくれた。毎日とはいわないでも洗濯は頻繁にしなければならず、積もり積もれば、大変なストレスともなる。

　海外では、旅行客や一時滞在者が使える洗濯機がないことも多い。ところによってはコインランドリーがあるかもしれないが、旅先で忙しいスケジュールの中、コインランドリーで1時間強の時間を過ごすことができる場合は少ないかもしれない。場所によっては洗濯屋さんにだすのが普通で、中流家庭に洗濯機自体がないところもある。もちろんそこでは旅行者も洗濯屋さんに頼めばいいのだが、料金が何キロいくらと重量で決まっていたりと面倒だったり、時間内に洗濯済みの衣服の回収ができない場合もある。そうなると例にあげた学生のように自分で手洗いすることが一番手軽な解決策かもしれない。最近ではいろんな旅行用の洗濯グッズが出ているので、その中から手洗いで対応できるものを持参するといいだろう。ハンガーがない時もあるので、干すためのロープや日本式の洗濯バサミが

たくさんついたハンガーがあると便利かもしれない。

　対処の仕方は何通りもあるが、想像力を少し働かせて、現地でどうすれば自分は無理せず快適に過ごせるかを考えることが必要だ。友人の中には旅用に乾きやすい下着や服を持っていく人もいる。また場合によっては、ややフォーマルな服装が必要な場合もあるだろう。事前に調べることが重要だ。海外に行ったことがある人は、すでに「当然」になっていて気づかない場合がある。質問することによってお互いの「あたりまえ」の違いに気付くチャンスにもなる。

【風呂】

　一日中外で歩き回った後に、湯船につかって疲れをとりたいと思う人も多いだろう。残念ながらそんなお風呂が楽しめるところは海外ではそれほど多くない。シャワーのみしかないところの方がむしろ多く、また温暖な土地では温水が出ないところもある。ひどくがっかりした学生や友人をみて、風呂でのひと時がいかに重要かと思い知らされることが何度もあった。

　先ほどの洗濯と同様、これもそれなりに対応するしかない。どうしても湯船につかりたい人は、バスタブ付の宿泊施設を選ぶ必要がある。それができない場合には、桶に湯をため足湯をするなど対応策を考えよう。また風呂と関連して、ドライヤーの有無も重要な場合もあるだろう。ここでもあるのが「当然」と考えず、事前にあるかどうか調べたり、荷物に余裕があるなら持参したりといった対応を練ろう。電圧やプラグの形に違いがあることにも注意が必要だ。

　洗濯も風呂も日常のちょっとした場面だが、いつもしていることが突然できなくなると大変気になる。普段の心地よさが失われ、不自由さを感じ、ストレスを感じたり、疲れがたまったりする。海外に出かけると、そういったあたりまえと感じていることの重要性を気づかせてくれる。またそういったあたりまえが決して世界共通のものではないことを教えてくれるきっかけとなる。

〔中　朋美〕

2 生活 (4) トイレから見える風景

【人間が必ずしなければならないこと】

　生活をする場所が変わっても、人間には必ずしなければならないことがある。同じ人間なので、どこに住んでもそれらは同じようにできると考えてしまいがちであるが、実際はそうではない。いわゆる衣食住において、考え方や習慣が違うことぐらいは誰もが知っている。しかし海外に実際に行ってみると、ガイドブックに書いているような話ではなく、より細かな点における違いに改めて気づかされる。同時に、そういった違いによって、自分自身がこれまで置かれてきた環境がどのようなものであったかを思い知ることになる。

【「遅れているか否か」では捉えられない"違い"】

　例えば私の場合、別に外国に行った時に限ったことではないのだが、トイレがどこにあるか、また、そのトイレが清潔で使いやすいかどうか、は外で行動する際にかなり強く意識しているような気がする。急に体調が乱れたりした時など、咄嗟の場合に即座に対応できるためにも、例えばレストランなどを選ぶ時には、「トイレが使いやすそう」であることが大きなウェイトを占めている。

　逆に、そういったトイレが期待できない場所を訪れなければならない場合のために、トイレットペーパーを常備しておくことも忘れないようにしている。特に、後で述べるように、特に外国ではトイレに紙がセットされているとは限らないので、緊急時に備えて準備する訳である。

　しかし、このような準備の仕方自体が、トイレというものに対する自らの先入観を表すものであることに注意しなければならない。特に私たち日本人は、ひょっとすると、トイレに過剰なほどの清潔さ

写真1　中国の高級ホテル内に設置されたトイレ

や、必要以上の快適さを求める傾向にあり、それが当たり前と、無意識に考えてしまっている可能性があるからである。

　例えば、先日、中国のある格式ある高級ホテルのトイレに入る機会があったのだが、建物の高級感とくらべると意外なほどにあっさりした構造で、ちょっと拍子抜けしてしまった。もちろん、高級ホテルなので、室内は清潔であり、使い心地も悪くない。しかし、妙に物足りなく感じたのは、私自身の側に少し過剰な期待がありすぎたからだろう。問題は、その「期待の仕方」自体が、かなり「ローカル」なものなのかもしれないということである。

【何気ない"当たり前"を疑う】

　例えば、日本の駅や空港、ホテルなどに設置されているトイレを見ると、たいていの場合、極めて複雑な設備が設置されていることが多い。ウォシュレットはもちろんのこと、便座除菌のための洗剤・手すり・ベビーチェアなどが当然のように設置されている。空港のトイレなどには、着替えのための足置きが設置されていることも少なくない。これは筆者の勤務校が特別なのかもしれないが、大学のトイレにすら、トイレ用の擬音発生装置（用を足している際の音が外部に漏れないようにするため、水流の音などを流す装置）が設置されていたりする。

写真2　日本のJR駅構内に設置されたトイレ

　ところで、果たしてこのような設備は"当たり前"だろうか？　中国のシンプルなトイレと対比した時、私たちのあり方に、何らかの「異様な」情熱が感じられはしないだろうか？インターローカルな視点とは、このような、あまりにも日常的で何気ない"当たり前"を疑うことから始まるのかもしれない。

〔小笠原　拓〕

2 生活 (5) チップをわたす

　学生と一緒にサンフランシスコを訪問する際、ホテルの近くにある寿司レストランで夕食をとることがある。アメリカ西海岸風の寿司を楽しく食べてもらうのが主な目的だが、学生にとってはチップの習慣と向き合う大切な一場面となることが多い。チップの計算に戸惑う学生や、あとでチップを渡すつもりで代金を渡したところ、おつりが返ってこないと驚く学生などとちょっとした文化体験となる。

【チップとは？】

　チップは何らかのサービスに対して支払うこころづけである。例えば水のお替りをくれたウエイターや、荷物を運ぶのを手伝ってくれたタクシーの運転手さんに対するちょっとしたお礼といった感じでとらえるといいかもしれない。ただ国や地域によってはチップが習慣化されていて、チップを渡さないということが失礼となることもあるので注意が必要だ。

　アメリカのレストランでの場面を例に説明すると、ウエイターへのチップは税抜き価格の10〜20％ぐらいが目安である。ファストフード店など自分で食べ物を運び、席につく形の飲食店では通常チップはいらない。よくセントまで正確に計算する人がいるが、その必要はない。サービスがよく、楽しい時間を過ごすことができた時には少し多めにする感じで、区切りのよい額の方を渡した方がよい。おつりが返ってこなかった冒頭の学生は、最初に払った額、例えば、8ドルの請求額について10ドル札で支払うといったように、ウエイターが受け取った額が、チップを加えた代金に近かった。そのためウエイターはチップ込みだと思ったのでおつりが来なかったのである。こういった場面ではChange, please（おつりをくださいね）というとあらかじめ伝えるときちんとおつりをもらえる。クレジットカードで支払いの際は、チップの額を書き入れる欄があるので、自分で書き入れ、チップ込みの合計金額も書き込もう。

　親切なところであれば、個人個人で請求書を出してくれるが、手間がかかるためグループごとの清算となること多い。この際、6人以上といった比較的大きな

グループの場合は、請求書の中にservice feeあるいはgratuitiesとしてチップがあらかじめ組み込まれていることがある。大きなグループだと座席の配置など店の方でも配慮が必要だからだとの説明を受けたことがある。２重にチップをする必要はないので、請求書を必ずみて判断したい。またレストラン以外でのチップの慣習は様々なので、ガイドブック等で確認してみるとよい。

【チップからみる社会】

接客がうまい人や気配りのできる人に対しては、チップも弾む場合が多い。その意味でチップは接客に対する評価指標の一つともいえ、創意工夫や能力を重視するアメリカ社会の一面を表しているものだと感じる人もいるかもしれない。ただ、チップをめぐる状況も不変ではない。ここ最近では、目安となるチップの値段を請求書にあらかじめ書いて提案しているお店もある。15％以上を推奨している場合が多く、暗にチップの相場を引き上げようとしているのかもしれない。

従来、レストランのウエイターなどはチップをあらかじめ考慮して賃金が安く抑えられている場合が多かった。しかし最近は、最低賃金を引き上げの動きと関連させ、レストランでのチップをやめようというno-tipping movementsもある。サービスの対価をどう支払うのが公平か対する異なる考えの表れかもしれない。

チップの習慣があまりない地域に育った人にとっては、チップに戸惑うこともあるだろう。でもチップは客との関係性を重視し、適切なサービスであったかどうかを伝える一つの社会的なコミュニケーションのシステムともいえる。現地の人のチップの渡し方を観察すると、様々なことが浮かびあがってくるだろう。現地での行動力を鍛える第一歩として、チップをさらりと渡す練習をするのもよいかもしれない。

〔中　朋美〕

2 生活

（6）SIMカードは語る

【財布にある"切れ目"の正体は……】

　現在、日常的に筆者が使っている財布は、中国で6～7年程前に買ったものであるが、一つ奇妙な特徴がある。カードを入れる部分の下に、1センチ程度の奇妙な切れ込みが二つ入っており、何かを収納するような形状をしている。何のための切れ込みなのか、一目見ただけではよく分からないかもしれないが、これは携帯電話・スマートフォンのSIMカードを入れるためのものである。

　念のため、SIMカードについて説明すると、携帯電話やスマートフォンの電話番号に関する情報が書き込まれたチップのことである。例えばスマートフォンを新しいものに買い替えるとき、古いスマートフォンの中に差し込んであるこのSIMカードを引き抜き、新しいスマートフォンに差し替えると、電話番号などを変更することなく、簡単に機種変更が可能になる。

　ここ数年、日本でも安い料金のSIMカードやデータ通信のみのSIMカードを自分で購入するような習慣が根付いてきたので、このような説明をしなくともよく知っている方もいるだろう。しかし、この財布を購入した頃は、まだ日本ではほとんどそういったことが一般的ではなかった。携帯電話のような精密機械の分野については、断然、日本は進んでいるかのように考えがちであるが、実は、こういった習慣については、日本はかなり後進国である。所謂、SIMカードのロック解除が義務化されたのは2015年5月のことに過ぎず、それ以前は、基本的に携帯電話を買った会社のSIMカードしか使うことは出来なかった。ひょっとしたら、まだ自分のスマートフォンの中にそのようなカードが入っていることすら、ほとんど意識していないという学生も少なくないかもしれない。

【海外で不用意にスマートフォンを利用すると……】

　私自身に関して言うと、SIMカードについては、2008年頃にはかなり強く意識するようになっていたので、先の財布を買った際にも、見た瞬間にピンと来た。その頃から海外に行くことが増え、携帯電話の使い方について、神経を使わざるを得なかったからである。何の対策も取らずに海外に出て、日本と同じような調

子でスマートフォンを使用すると、日本から海外へ通話しているのと同じことになり、予想外の大きな出費を強いられてしまう。そういったことがないように、事前に何らかの対策を取る必要がある。

その際、一番単純な方法は、SIMカードを現地のものと差し替えることである。当然、電話番号は変わってしまうが、こちらから電話を掛ける分には、現地の料金で済むので、安価な料金で携帯電話を使うことができるようになる。

【日本の安全と"不自由さ"】

とはいえ、先にも述べたように、当時、日本にはそういった習慣がほとんどなかった。かなり色々なことを調べて、特別な機種を購入し、使えるようになるまで、かなりの時間がかかった。一方で、多くの国では、それが当たり前であるということも同時に知った。例えば2012年に訪れたイギリスでは、多くのSIMカードが日用品を売っているスーパーのレジ前に並んでおり、それを購入すれば、外国人であるといったことも関係なく、自分の電話番号をもつことができた。また中国の場合、地域によって電話料金が異なるため、国内移動であってもSIMを差

写真1 上海国際空港内の旅行者向けSIM販売機

し替えるのは比較的一般的なようである。財布に当たり前のように、SIMを収納する場所があったのも、そういった習慣が背景にあったのかもしれない。

一方、おそらく日本でSIMカードの入れ替えが行われてこなかった理由としては、携帯電話を使った犯罪の防止という理由があったと考えられる。しかし、そのことがもたらす"不自由さ"、殊に日本を訪れた外国人の不自由さにも、そろそろ目を向ける必要があるのではないだろうか。

〔小笠原 拓〕

2 生活 (7) 危機管理

　留学や観光などで外国に滞在するとき、一体どのようなトラブルが待ち受けているのであろうか。身近な事例として、文化やマナーなどの生活習慣の違いで心身的にストレスを受けることや、盗難や事故などのトラブルに遭遇することがあるだろう。さらには、大きな被害に拡大する自然災害、テロ、感染症など自分の努力だけでは防ぎえないものもあるかもしれない。このような状況に遭遇したときには一体どうすればよいのであろうか。一般的に、「危機管理」(Crisis Management)とは、危機が発生したときに、その影響をできるだけ小さくするとともに、その状態からいち早く回復することである。また、海外で起こりうるリスクを調べ、そのリスクの原因となる事柄について防止策を検討しておくことが「リスク管理」(Risk Management)とされている。海外に渡航する場合、海外で想定されるトラブルの事例やリスクをリストアップし、それらを未然に防ぐための対策や考え方、万一トラブルに巻き込まれた場合の対処法などについて事前に勉強し、危機管理への意識を高めておくことが必要となる。ここでは、筆者が体験した初歩的な事例について紹介する。

【両替】

　国内の空港で渡航先の国のお金に両替できないこともある。たいていは現地に到着後、空港ロビーにある銀行の出張所で両替することになる。表示されている為替レートとにらめっこしながら、両替する金額について迷うこともあるだろう。不用意に財布を出してお金が見える状況を作ることや手持ちカバンを足元に置く等の日本でのちょっとした日常行為が出てしまうことがある。このような隙を見逃すまいと、スリや置き引きを狙っている者がいるので注意が必要である。また、所定の金額を両替したからといって安心してはいけない。所定の金額より少ない金額を渡されることもある。両替後に実際に渡された金額が正しいかどうか、レシート等と照らし合わせながら、その場で紙幣の枚数を迅速に確認することも大事である。もし、両替所を離れて確認し、金額が間違っていたとしても、対応してもらえないことが多い。

【交通ルールと運転マナー】

世界の多くの国では、交通の方向が日本と逆である。車が右側通行の場合が多く、車道を横断するときの左右確認では、つい右方向から確認する普段の動作が出てしまい、左方向から近づいてくる車の確認が遅れてしまうこともある。また、歩行者を優先に考える日本の運転マナーと大きく違い、中国や東南アジアの国

写真1　車やバイクによる交通状況（ベトナム）

などでは、歩行者があっても避けながら走行していき、支障があるようだと容赦なく大きなクラクションを鳴らす。現地の人も走行している車の間をうまく通り抜けて横断する（写真1）。このような風景を見ると、容易に横断できそうであるが、安全第一に時間をかけてでも横断することをお勧めする。

【盗難】

筆者を含む数人でケニアナイロビ市中心部の繁華街（写真2）を歩いていたとき、同行者の肩掛けのバッグに目をやると、かばんのチャックが開けられ、みやげ物を盗まれていることに気がついた。2人並んで歩いていたので、人と接触すればわかるのであるが、どこで盗まれたのかなと考えると、商店街で小学生ぐら

写真2　繁華街の人通り（ケニア）

いの子供たちがもの珍しそうに、ニコニコしながら寄ってきたことが思い出された。前方の子供たちに気を取られ立ち止まったときに、後方から盗まれたかもしれない。事実はわからないが、そのときは気配を感じずに盗まれたので怖い思いをしたものである。

[田川公太朗]

2 生活

(8) 体調管理を万全にして海外での活動を充実させよう

　国内海外を問わず、住み慣れた地域を離れ初めて訪れる地域への旅行や長期の宿泊には体調管理が欠かせない。日本が冬の時期に海外の夏の国に旅立ったK君は滞在後半に下痢に悩まされた。K君の体験から体調管理を考えてみよう。

【会食・パーティーとミネラルウォーターの注意点】

　K君は、自分の身体的特徴に対する自覚と準備があったにもかかわらず、体調を崩した。原因は何であろうか？　まず、海外で現地の人々と交流するとき、お酒が振る舞われる会食やパーティーはつきものだ（写真1）。日本でのお酒はアルコール濃度が明確で、その他の成分も安心できるものが多い。アルコールはもともと腸を刺激し、血行がよくなって腸が活発になる作用があるので、適度な摂取であれば便通がよくなる。しかし、会食やパーティーなどの雰囲気やお酒により食欲が進み、過度のアルコール摂取や食べ過ぎにより消化不良を招くことがある。これらの結果、K君は下痢を招いた可能性がある。

　日本では水道水を飲むことができるが、海外では上下水道などのインフラの発展の違いや衛生面の違いにより、多くの場合はミネラルウォーターに頼ることになる。そのミネラルウォーターがK君にとっては問題だった可能性もある。水には大きく分けて硬水と軟水があるが、これは水に含まれるカルシウムとマグネシウムの量で分類される。カルシウムとマグネシウムが多く含まれている硬度[1]の高い水が硬水（WHO基準で120mg/ℓ以上）で、少ない水が軟水（120mg/ℓ未満）である。日本で販売されているミネラルウォーターをみると、海外から輸入されているものには硬水が多く、原産地が国内のものはほとんど軟水である。これには、その水を取水する場所の大地を形成する地殻物質や水が地層内に浸透する時間が影響するといわれている。し

写真1　現地の学生と会食

---

(1) 硬度は次のように算出する。カルシウムmg/ℓ×2.5＋マグネシウムmg/ℓ×4。

がって、国土の狭い日本の水はほとんど軟水で、ヨーロッパや北米には硬水が多いといわれている。日本人は軟水に慣れていることと、特に胃腸が弱い人の場合は、硬水に含まれるマグネシウムの影響で下痢になってしまうことがあるのだ。K君の場合も、普段は軟水に慣れていて、硬度の高い硬水を暑さ対策として過剰に摂取した結果、下痢を招いた可能性がある。ミネラルウォーターのラベルには、カルシウムやマグネシウムの含有量や硬度が成分表に示されているので心配な人は注意しよう。Hardness（硬度）の表記がある場合や、Hard water（硬水）やSoft water（軟水）と明記している場合もある。

　もともとK君は日本と真逆の気候の国へ行ったので身体の順応なども影響したであろう。現地の病院のお世話にはなったものの大事に至らなくてよかった。K君の場合、現地の病院ではさほど費用もかからなかったが、事故や怪我、病気の症状によっては多額の費用が必要となることがある。そのため、海外へ行く際には「海外旅行保険」に加入する必要がある。クレジットカードに付帯されているものやネット上で加入できるものなど様々なタイプの保険があるので、出国前に確認しておこう。万が一、事前に加入し忘れても、主要空港の国際線ターミナル内に保険の窓口があるので焦らず手続きをして出国しよう。

【準備の大切さを理解しよう】

　国内海外を問わず長期で宿泊を伴う旅行では、日常とは異なる環境での衣・食・住が待ち受けていることを予想して行動しよう。時差や気候の影響がある場合は無理をせず、食べ物や飲み物にも注意しよう。現地の状況によってはレトルト食品やサプリメントなどの携帯、そして保険に加入するなどしっかり準備しておこう。忘れがちなポイントは、現地での流行性の病気や感染症等の情報把握だ。厚生労働省検疫所（FORTH）のホームページ[2]をチェックして、必要があれば予防接種を行ったり主治医と相談して薬を準備したりしておこう。さらに、現地の人とコミュニケーションをとることを心がけることで、いざというとき助けになってくれるはずだ。海外での活動を充実したものにするために、体調管理は欠かせないことを理解しよう。

〔関　耕二〕

（2）URLはhttp://www.forth.go.jpである。

3 交流　(1) 話す・あいさつする・仲良くなる

　海外に研修に行く際、見知らぬ人に話しかけるということは新しい世界を開き、人生を豊かにし、異文化理解にも繋がる非常に貴重な経験になる。だが、自国にせよ海外にせよ、知らない人に話しかけるというのは決してたやすいことではない。小さい頃から知らない人を信用しないように教えられてきた人も多い。世界中で親は子供に言ってきかせている。「知らない人と話しちゃだめ！」だと。特に日本人にとっては知らない人と話すのは難しいことかもしれない。歴史的に見て、階級社会であった日本では気軽に知らない人に話しかけるなどということはあり得ないことであった。外国語に弱く、経験もなければ、外国人と話すのに自信が持てないのも無理はない。その上、恥ずかしがり屋も多い。だが若い頃は恥ずかしがり屋でも、年を重ねるにつれてそれを克服していく人は多い。実は私自身もそうだった。

【見知らぬ人とのコミュニケーションのヒント】

　では、恥ずかしさを克服し、良いグローバル・コミュニケーターになるにはどうすればいいのか。それは簡単なことだ。他の人に好奇心を持ち、自信を持ち、良いロールモデルを探し、基本的な戦略を学び、練習を重ねれば良い。

　まず第一歩は人に対する強い好奇心を持ち、相手の生活、考え方、行動を理解したいと思うことだ。心からの関心を示せば、尊敬の念や友情が生まれ、意義深い会話をすることができる。他人と話すには自信が要るが、そのための方法の一つは練習を繰り返すことだ。また見方をかえてみるのも手だ。相手を「外国人」としてではなく、同じ人として、友達の候補として考えるのだ。また自分がジャーナリストや社会学者になったつもりになってみる。すると他人に話しかけることがずっと楽になるだろう。

　良いロールモデルをみつけることも有用なステップだ。私のロールモデルは父だった。父はレストラン、飛行機、映画館など、場所を問わず誰にでも話しかけ、それを楽しんだ。それを見て、私は感嘆し、自分も大人になったら父のようになろうと誓ったものだ。

　知らない人に話しかける糸口は、簡単に学ぶことができる。基本的な方法とし

ては、
(1) 天気の話をする。「いい天気ですね。」
(2) 質問をする。「すみません。今何時ですか。」
(3) お願いをする。「すみません、ここに座ってもいいですか。」
(4) 相手を褒める。「いいネクタイですね！」

などがある。その後でまた幾つかの質問をする。「こちらにお住まいですか」などがその例だ。そうするうちに、楽しい会話が始まっているだろう。

　誰かを褒めることも一つの方法だ。褒めることは、相手のことを考え、尊敬していることを示すことができる。そんなに難しいことではなく、その外観や行動などをよく観察し、自分の気持ちを言葉で表すといい。例えば、外見を褒めたり（「すてきな髪形ですね」）、持ち物を褒めたり（「いいバッグですね」）、その人の技術を褒めたり（「英語がお上手ですね」）する。褒められた人は照れたりするが、内心は嬉しいものだ。褒められて嫌な気持ちになる人はいないだろう。

【話すことで世界が広がる】

　1970年代、私はバックパックで世界一周の旅をした。フランス、スウェーデン、インド等、どこへ行っても現地の人々と話し、その生活ぶりや文化を学び、良い関係を築くように努めた。世界旅行をして人々と話すことで、歴史、宗教、社会問題などに対する勉強意欲が強まった。鳥取大学で教え始めた時、私は学生に知らない人と話す技術を伝授したいと思い、知らない人に話しかけ、その経験について英語でレポートを書くという宿題を学生に出すことにした。学生の中には、留学生に話しかけて、外国人と友達になる人もいれば、恋人ができる人もいる。中には、電車でビジネスマンに話しかけたら、降り際に名刺を渡され、「卒業したら連絡をください。我が社ではあなたのような人が必要です」と言われた学生もいた。過去25年間で私は6,000人を越える日本人の学生にこの課題を出し、彼らが自信溢れるコミュニケーターとして成長する姿を見てきた。見知らぬ人が友達になることもあれば、会話を始めることで人生が変わるということもある。様々な文化や国、民族、宗教を背景に持つ人々と話をするのは一種の市民外交であり、ステレオタイプを克服し、文化の壁を越えた友情を育み、平和と相互理解に貢献する一助になるであろう。

〔ケイツ A キップ〕

3 交流

(2) ホームステイの効用—「自分」を振り返るために—

　インドネシアの家庭は、日本では見慣れないものやシステムであふれている。午後7時過ぎ。家々には、色とりどりの皿に、揚げ物や炒め物など、さまざまな辛い、あるいは甘い料理が並ぶ。それらの香ばしい匂いが、胃をくすぐってくる。部屋に架かる複雑な色模様からなるバティック（ろうけつ染めの布）の柄や、「お母さん」たちがかぶるヒジャブの色が、それらにさらなる彩りを加える。戒律上、酒は飲まない人が多いが、食卓の上を行き交う「会話」を通じて、十分に「酔う」こともできる。世界第4位の人口を持つインドネシアの多文化社会を体験したいのであれば、家々の食卓を体験するのがもっともふさわしい。それらは食べ物の味のみならず、色彩感覚や匂い、コミュニケーションも含めた新たな文化的刺激を我々に与えてくれるからだ。ホームステイとは、そのような社会の内襞をのぞける貴重な機会である。

　だが多文化社会は、予期せぬショックをもたらすこともある。小さな生活習慣すらも各々異なるからだ。たとえば我々は、「大好きなインドネシアで、どうしても受け入れられなかったのが水回り」という日本人学生の声を、たびたび耳にしてきた。インドネシアのホームステイでは、日本と比べ簡易な仕組みのトイレや、水しか出ないシャワー、あるいは流水による入浴などが普通のことだからだ。水回りだけではない。ホームステイ先では、宗教や慣習など、さまざまなライフスタイルや文化の「違い」に出会い、戸惑うことがある。

　ところが、こうした「違い」はときに、それまでの自分を省みたり、自らが生きてきた社会を振り返ったりするための種にもなる。ある学生は、はじめ、お湯がでないシャワーに凍え、しかし、その悩みをホームステイ先の「お母さん」たちに話すことができなかった。しかし止むに止まれず、インドネシアの学生友達に、そのことを相談した。すると一人の友達が、「ホームステイ先の人に頼んだらお湯を出してくれると思うから、家に帰ったら頼んでみると良いよ」とアドバイスしてくれたという[1]。勇気を振り絞っ

---

(1) 仲野誠・小泉元宏（2015）「『海外フィールド演習』」における他者との出会いの効用—インドネシアプログラムを事例として（2）—」地域学論集11（3）、pp.55-108。

て実際に頼んでみると、ホームステイ先のお母さんたちは、そんなことで悩んでいたの、と湯を沸かし、渡してくれた、と言う。その学生は、この経験が、自らを振り返るきっかけを与えてくれた、と振り返りのレポートに記している[2]。それまで、自分の抱えている物事を他者に伝えられなかったり、人に意見や助けを求められなかったりした自分に気づき、自分の思いを率直に語り、他者と共有することの重要さに気づいたのだという。このような「違い」からの気づきは、ホームステイを経験した多くの学生たちに共通する体験であることが、我々が記録してきた学生の声からも読み取れる[3]。

【多文化社会に住まうために】

ホームステイは、他者の文化を知るだけでなく、休息の場でもある。1日の学習やフィールドワークの疲れをどっさり背負い込んで帰ってくる身にとっては、ホームステイ先での温かい言葉や食べ物が、本当にありがたい。だが、その体験には、新鮮な驚きや感動が多く含まれる一方で、他の文化圏に滞在するがゆえにもたらされる違和感や困難、居心地の悪さが含まれることもある。前述の学生の水回りの悩みは、その一例である。だが、そのような違和感を感じたとき、そこから目を背け、見て見ぬ振りをするのは十分ではない。違和感や居心地の悪さを「彼らの文化や社会の問題」として突き放すのではなく、しっかりと向き合い、違和感の正体や、その背景にあるものを、自分自身の「当たり前」の感覚を疑いながら、見つめることが重要だ。それによってはじめて、ホームステイ先の「居心地の悪さ」を乗り越え、私たちは「私の家」を離れた「ホーム」を得ることができる。

これらはホームステイでの交流に限った話ではない。多文化社会とは、多様な文化や生き方が互いに結び付き合うことを通じて、より楽しく、豊かな場所が築かれうる可能性を含んでいる。だが、ふとしたきっかけで「違和感」や居心地の悪さを覚えた時、それらに向き合うことを拒否すれば、いつまでも他者と交わることは叶わず、自分自身の真の姿を見つけることもできない。ホームステイには、あらゆる場が多文化化しつつある社会に住まう我々が、他者と共に生きてゆくためのヒントが隠されているのだ。〔小泉元宏・仲野 誠〕

(2)(3)は(1)と同じ。

3 交流　(3) 学生アパートに泊めてもらう

　韓国訪問の実習プログラムの中で、現地でホストファミリーをお願いして参加学生にホームステイを体験してもらったことがある。韓国の方々は日本人にまねできないくらい訪問者を厚くもてなしてくれることがしばしばで、このときもホストファミリーの方々には手厚いもてなしを受けた。ホームステイは韓国の人たちへの余計な先入観を解消する。隣国との文化的な類似・相違に気づき交流を推進する点でも絶大な効果があった。ホームステイの応用編として、ある年には、学生を現地の学生アパートに泊めてもらったことがあった。

【つなわたりの計画】

　学生アパートへの宿泊は、こちらが当初に意図したことではなかった。その年のプログラムでも我々は、現地の方との交流を深めるホームステイを希望し、韓国側に協力を依頼した。依頼するのは簡単だが、受け入れる側はたいへんである。努力いただいたものの、通常のホームステイは調整が不調に終わった。代わりに先方の提案で、現地の大学を使って実習を行う4泊のあいだ、彼らの学生アパートに泊めてもらえることになった。初めての試みではあったが、「同世代の学生同士で泊まれば、もっと交流がすすむだろう」と、この提案をプラス方向にとらえた。だがこれは、こちらの依頼に応えるための先方の苦肉の策だったようだ。現地では混乱が待ち受けていた。

　男子学生3名は、韓国入国時から実習に同行し、生活全般に世話を焼いてくれていた韓国人の男子学生たちが受け入れ、自分たちのアパートに泊めてくれた。一緒に何日かを過ごしてすでに仲良くなっていた学生宅への宿泊に、男子学生の不安はみられなかった。4泊のあいだ時間を共有して、一緒に街に繰り出したり、ご飯を食べたり、アパートでアルコールの力も借りながら共通の話題で盛り上がったりと、同世代同士の交流を楽しんだ様子をたくさん伝え聞いた。

　混乱したのは、受け入れ先が当日調整となった女子学生2名の宿泊だった。大学に向かうバスの中まで続いた電話調整の結果、学部で日本語を専攻し、以前に日本に短期留学したことのある女子学生に、2名の宿泊を引き受けてもらえるこ

とになった。初対面で宿泊というハードルを乗り越えるにあたり日本語ができる学生が登場してくれて、引率者としてはほっとしたことを覚えている。だが、受け入れがすんなり決まらなかった理由は解消していなかった。受け入れてくれた女子学生の部屋は狭く、3人が宿泊するのは難しかった（らしい）。また、彼女は3日目から大学を離れてしまうため、前半2日間しか受け入れができなかった。前途多難が予想された。

【本当の「おもてなし」】

受け入れてくれた学生は、女子学生2名を部屋に招き入れて3人でひとしきり話をした後、「狭くて申し訳ない」と気を遣って部屋を明け渡し、近くの友達宅に泊まりにいったそうである。このため前半の2晩は男子学生たちのような賑やかな交流にはならなかったが、シャワーの注意点を教えてくれたり、洗濯機や洗剤を使わせてくれたりと、生活に不便のないよう朝に夕に細かな気配りをしてくれた。2人の女子学生には、はじめての海外で日本人的ともみえる細やかな心配りに触れたのが強く印象に残ったようである。

写真1　韓国人学生との別れを惜しむ

彼女には後半の受け入れ先を探してもらい、女子学生2名は日本語が全く話せない別の学生のところで2日を過ごした。2名は韓国語が全くできなかったので、大きな言葉の壁を感じたはずである。片言の英語とジェスチャー、紙やスマホを使って懸命に共通の話題を探し、交流を深めていった。

学生アパートへの宿泊を通じて、「相手のことをもっと知りたい」という意思こそが交流には最も大事であることを彼女らは実体験した。加えて、客人を幸せにするために最善をつくす韓国人学生を見て、「おもてなしの心」について考えなおす機会になったはずである（写真1）。

〔永松　大〕

3 交流 (4) 学生同士の同世代の遊び

　学生を引率して海外の大学を訪問し交流プログラムを始めるとき、学生同士が最初にお互いに顔を合わせると、緊張からかぎこちなさを感じる。そんなときに学生同士の同世代ならではの共通の話題や遊びが良い役割を果たしており、あっという間にお互いが打ち解けあい、楽しそうに会話したり、食事に出かけたりと、ガラッと雰囲気がかわる。そのきっかけとはどんなものなのか、筆者が韓国や中国に学生を引率したときのことを例として紹介する。

【漫画・アニメ】

　日本の漫画や漫画を原作にしたアニメが、海外で絶大な人気を集めている。日本のアニメやマンガ等のいわゆるポップカルチャー（大衆文化）は、「クール・ジャパン」（かっこいい日本）として世界でも知れ渡っており、そのほかにも映画、ゲーム、ポピュラー音楽など多様である。海外でも日本のポップカルチャーを紹介する多くのイベントが行われており、アニメや漫画の作品展やキャラクターになりきるコスプレ大会が有名である。鳥取大学の中国人留学生に知っているアニメを聞くと、『鉄腕アトム』、『ドラえもん』、『名探偵コナン』、『ドラゴンボール』、『ポケットモンスター』、『NARTO』、『ワンピース』、『セーラームーン』など、昔のアニメから最近のアニメのタイトルが返ってくる。昔のアニメは引率教員の私でも話題にすることができるほどである。これらの作品やイベントを通じて日本のポップカルチャーに触れ、ファンになったことで日本語や日本文化に興味を持ったという学生も多く、その内容を深く理解したいために小学生や中学生のときから日本語を独学で勉強する学生が多いことに、日本人学生はいつも驚いている（写真1）。近年ではインターネットの発達によって、動画コンテンツを視聴できるので、多様なアニメを知ることができ、よりマ

写真1　日本のアニメで自己紹介（韓国）

ニアックな会話に発展することもしばしばである。一昔前では、歌舞伎などの伝統文化や日本の歴史に興味や関心が高かったのであろうが、時代の移り変わりとともに若い世代の共通した話題も大きく変化している。

【スポーツ】

中国の国民的スポーツは卓球であり、『国球』とも呼ばれている。中国のいくつかの大学に学生を引率して驚いたことは、レクリエーションルームに卓球台が置かれていることである。教員同士や研究室の学生たちが、研究の合間にリラックスするために卓球をしている。日本ではボールを打ち返すことを楽しむ面もあるが、中国ではみんな真剣に打ち返し、競い合っている。そんな様子に日本人学生らは驚きつつも、だんだんと熱中し卓球の試合を続ける。試合後は、一気に会話が始まり、あっという間に初対面の緊張がほぐれていくことになる。

【音楽・カラオケ】

日本では中国や韓国出身の歌手やグループの人気が集まっており、一方で中国や韓国でも、日本のTVドラマや音楽番組が放映され、日本の歌手やグループがよく知られていることから、現地の学生達は流行歌にも詳しい。初対面の自己紹介では好きな音楽や有名人の話題で盛り上がり、時にはスマホにダウンロードしている曲や映像を一緒に楽しんでいる。さらに盛り上がると、カラオケへ行こうということになる。

写真2 カラオケ交流（中国）

カラオケは日本発祥の娯楽施設であるが、中国や韓国でもカラオケ文化が広がっており、気軽に楽しむことができる。日本の学生は、ここぞとばかりに張り切って歌い始め、現地の学生も流行歌だけではなく、日本の古い歌謡曲や童謡を披露し、非常に楽しく歌っている。一緒に歌うことで、親近感がより高まっていく様子をみることができる（写真2）。

〔田川公太朗〕

3 交流 (5) ムラでの交流会

　海外のムラ（農村）の生活や文化を学ぶ際に、インタビューやヒアリングなど住民の方々から「話を聞く」ことは欠かせない。しかしながら英語圏以外の国ではムラの住民の多くは英語を解さないことも多く、英語が堪能であっても聞き取り調査を行うことは難しい。例えばベトナムのムラにおける学生の調査では、"日本人学生←（日本語－英語）→ベトナム人学生←（英語－ベトナム語）→ベトナムのムラの住民"という言語のやりとりが行われる。そのため"情報"のやり取りはできるものの、言語による"コミュニケーション"を日本人学生とベトナムのムラの住民の方々がとることは難しい。

【コミュニティとコミュニケーション】

　ムラは概してコミュニティがしっかりしている。これは日本に限らず海外でも同様のことが多いが、このコミュニティを理解するうえでコミュニケーションは欠かせない。それはなぜか。実はコミュニティcommunityもコミュニケーションcommunicationもラテン語のcommunis「共同の、共有の（＝英語のcommon）」が語源である。ムラのコミュニティは、生産（なりわい）の共同、生活の共同（普請など）、娯楽の共同（祭りなど）など、共同や共有を基盤とした社会であり、それはムラの住民のコミュニケーション（共有するための伝達）の上でつくり上げられてきた。当然のことながら、コミュニティを理解するうえでコミュニティの構成員である住民とのコミュニケーションは不可欠である。しかしながら前述のとおり、それぞれの国の母国語を習得する機会がない学生が言語を直接操ってコミュニケーションをとることは難しいため、別の仕掛けが必要となる。その仕掛けのひとつが住民との交流会であり、「楽しみの共有」を短時間で行うためのコミュニケーションの場の設定である（写真1）。

写真1　ベトナムのムラでの交流会（2016年）

【ボディーランゲージを楽しもう！】

コミュニケーションは言語がすべてではない。ボディーランゲージなど身体表現をフル活用するコミュニケーションの方法もある。これら多様なコミュニケーション方法の経験は言語を重視する聞き取り調査のみではなかなか味わえない。一方、交流会は食事をとり、お酒を飲み、そして歌を歌う。その場を楽しい雰囲気を味わおうとすればするほど、言語だけではなく全身を駆使し、使えるモノを総動員してコミュニケーションの方法を考え、実践する（写真2）。

写真2　自然と始まるみんなでの合唱（2014年）

例えばベトナムのムラでの現地調査では、必ずそのムラの集会所を借りて交流会を開催する。ムラでの調査が終了した後に開催するため、日本人学生とベトナム人の住民は初対面ではないが、ベトナムという国の特性もあり、調査に協力をしてもらった住民だけではなく人民委員会（行政）や公安（警察）、各種団体の幹部などもやってくる。といってもお硬いイメージはなく、交流会が始まれば幹部といえども地域の住民である。日本人学生にとってみれば広く地域の人々との親睦を深める意味があり、地域の住民も通常では交流をすることがあまりない日本人（外国人）の学生との交流の場を好意的に受け止めてくれる。

地域の人々が住む生活の場の理解は、五感を用いて環境、景観などを体感するところから始まる。そのような場でのコミュニケーションは、日本にいてはなかなか味わえない、ボディーランゲージなど言語以外のコミュニケーションスキルを実践するいい機会でもある。

ベトナムのムラの牧歌的な景観はコミュニケーションを弾ませ、ムラでつくられるアルコール度数が強いお酒にもついつい手が伸びる。「酔った勢い」のコミュニケーションで失礼なことをする学生もいるが、そこは無礼講として許されるのも直接のコミュニケーションがあるからこそである。

〔筒井一伸〕

3 交流　(6) 時間を再考する

　以下は、4名の日本人学生が、インドネシアのジャカルタにある大学の日本語学科学生との交流を経験する、10日間の海外フィールドワークプログラムに初めて参加した際に感じたことである。

【差し出された時間】

　日本の学生たちは、昼間はハムカ大学の授業や独立宣言博物館、プサントレン（宗教学校）、伝統的な暮らしが守られているバデュイ村等を見学し、夜は同大学の先生方のご自宅に泊めていただいた。インドネシアの学生たちは、私たちがお手洗いに行こうとすれば飛んで来て付き添い、一日の行程が済んでも、私たちが宿泊先に向かうま

写真1　イスティクラールモスク

では決して帰宅しようとしない（自宅がひどく遠い学生もいたようだ）。また、大学で行われた異文化紹介ワークショップでの彼らの出し物は、その練習に膨大な時間が費やされたことを想像するに余りあるものであった。さらに後で知ったことだが、日本の側が春休みを利用してプログラムを実施しているのに対し、インドネシアの側は授業期間中であるにも関わらず、先生方と学生が授業を一部取りやめにして、私たちに貴重な時間を差し出して下さっていたのである。

【"苦痛"と"申し訳なさ"】

　帰国後に、日本の学生たちが書いたレポートには、一人になる時間が皆無であることから来る苦痛と、客人を決して一人にさせないインドネシアの方々のお心遣いに対する申し訳なさを感じたことが記されており、私も全く同感である。私たちが感じた苦痛と申し訳なさの感情には、次のような時間の観念が関係しているのではないだろうか。

私たちは、人は各々、一日24時間を平等に所有しており、何にどれほどの時間を費やすかは、本人の自由意志に委ねられていると考える。そのような時間観念の下では、たとえ両者の合意に基づいて行われているプログラムにおいても、10日間の間、少しの中断もなく時間を共有することが義務づけられている状況は、私有財産としての自己の時間を他者に奪われている苦痛と、他者のそれを自己が奪っている申し訳なさの感情をともなう。そして、申し訳ないがゆえに、プログラム中に自己の苦痛を語ることや、他者の苦痛を忖度することはタブーとなる。

写真2　バデュイ村

【言語化し、想像すること】

　10日間という限られた時間の中では、インドネシアの人々がどのような時間の観念の下に、私たちに貴重な時間の限りを差し出してくださったのか、想像することすらできなかった。大学で日本語を学ぶインドネシアの学生にとって、日本人学生との直接的な交流が有意義なものであることは理解できるが、無論それだけの動機に収斂されるものとは思われない。

　ただ、プログラムの後半、いつも明るく元気いっぱいのインドネシアの女子学生が、ふと真面目な顔で、「疲れました」という言葉を私に伝えてくれた。華奢な彼女の体調を心配する気持ちや、彼女を疲れさせたことに対する申し訳なさが改めて湧き起こるとともに、底知れぬ気遣いの人である彼ら彼女らも、私たちと同様に疲れるのだという当たり前の事実に、ひどく安堵したことが今も心に残っている。

　私たちは、他者とともに時間を過ごすことから来る自己の苦痛や疲れについて、臆することなく語るとともに、他者のそれに想像力を働かせながら心を傾けることで、苦痛や疲れに耐えつつ共有する時間の中でしか学べないことがなお多くあることを、再確認する必要があるのではないだろうか。

〔岡村知子〕

3 交流 (7) 土産を介したコミュニケーション

　海外にいくと日本を紹介する機会に接することが多い。かしこまった場でなく、何気ないやり取りの中で日本のことを伝える機会にも幾度となく出会う。しかしながら言葉で説明するのはなかなか難しい。そんなときこそ土産というツールに頼ってみたい。土産を準備する段となると意外に何を持って行くかを考えるのに苦労をする。せっかくなのでコミュニケーションツールとして土産を活かすことを考えてみよう。

　元々、土産は「どさん」または「とさん」と読む漢語であり、土地の産物を意味するものである。旅先で見聞きした物事や体験などを語って聞かせることを土産話という使い方からも分かるとおり、経験をした地域の様々な物事を活かした一種のコミュニケーションツールでもある。従って土産に何を選ぶ際は、海外で会う人々が住む地域の状況によって変化を与えてみたい。以下では筆者が長くお付き合いをしているベトナムを例に紹介をしてみよう。

【値段より嗜好や習慣】

　ベトナムは日本と同じように"呑みニケーション"が成立する国である。そのためベトナムを訪れる際には、訪問先がムラであろうと大学であろうと酒類を土産として準備することにしている。

　最初のころは地元山陰の地酒の純米大吟醸など値が張るものを奮発して持って行ったものである。しかしながら日本人に渡す時ほどベトナム人には喜ばれない。むしろ呑んでもらってもがっかりされることがある。純米大吟醸のすばらしさをベトナム語で伝える能力を持ち合わせない筆者には、こちらもがっかりした経験がある。それから違う蔵元の日本酒に替えてみたり、醸造アルコールが入った日本酒に替えてみたりと試行錯誤をしていく中で、焼酎が喜ばれることが分かった。要は醸造酒に慣れていないベトナム人にとって蒸留酒である焼酎が嗜好にあったのである。もっともベトナム人にとってはSHOCHUという言葉はなじみがなく、SHOCHUも含めてSAKEと表現されていたので、日本酒と焼酎の飲み比べなどをしてもらいながらコミュニケーションを深めた経験がある。つまり、土産が高

級であるか否かは関係なく相手の嗜好や習慣を知るということが重要であるので、訪問する地域の様子（習慣など）を少しだけでも調べてみよう。それが土産をコミュニケーションツールとして活かす入口になるはずである。

【手を加えたオリジナルな土産】

学生には自分の好みの菓子など、安価だが"語れる"土産を準備させることが多い。これは初めて海外の学生たちに会った時に使う。まずは自分の好きなものを食べてもらい、語ってもらうというごくごく簡単な仕掛けである。

一方、10日間近く一緒に調査をしていくと学生同士チーム意識が醸成されて、プログラムの修了が近づいてくると自然と寄せ書きをし始める。そこでせっかくならその寄せ書きにも土産要素を入れようとはじめたのがノンラー＆扇子交流である。ノンラー（nón lá）とはすげ笠のことでベトナム観光の土産としても定番であるが、たまたま学生が調査を行った村にこのノンラーをつくる家庭があった（写真1）。日本の学生もベトナムの学生もその作成過程に関心を持ったため購入したついでに寄せ書きをお互いし始めたのが

写真1　ノンラーをつくる家庭での見学（2013年）

写真2　ノンラー＆扇子交流（2014年）

最初である。しかし日本人学生にはノンラーは珍しいものの、ベトナム人学生には必ずしもめずらしいものではない。そこで交換することを目的に扇子を日本から持参することにした。扇子といっても寄せ書きのための無地白色のものである。プログラム修了後の継続した交流にも土産が一役買ってくれている（写真2）。

〔筒井一伸〕

「海外の地域を体験する」ために

　本書「なぜいま『インターローカル』なのか??」でも紹介したように、編著者らが所属する鳥取大学地域学部では、内向き（地元）指向といわれる大学生の目を海外に向けさせる目的で「海外フィールド演習」（学部2年次以上対象）[1]を2010年から行ってきた。これは海外初学者向けのプログラムで、まさに「海外の地域を体験する」ことを目的としたものである。

　第2部の各節は、この「海外フィールド演習」の要素をトピック的に紹介したものが多い。さまざまな教員が関係して、多様な視点から「海外の地域を体験する」ことを目指していることが理解されるだろう。とりくみを継続するには、この授業科目を支える仕組みが不可欠である。大学側ではプログラムと危機管理、企画・引率する組織や人材、研究費（出張旅費）の確保などが必要となる。学生には、彼らが内向き思考かどうかを議論する前に、海外に行く選択が可能な経済的支援が必要である。ここでは、第2部のまとめに替えて、「海外の地域を体験する」試みを支えるしくみについて記述する。

【プログラムの設計】

　各節にあったように、我々が実施してきた海外フィールド演習は海外体験を基礎として、そこに地域調査の実習を組み合わせている。主に北東アジア諸国の学術協定校を拠点に、引率者の専門分野に近い教員の協力を得て、協定校の学生との交流や地域調査を実施する形が基本となっている。

　この場合、参加する日本人学生の興味と引率者の専門分野のマッチングが問題となる。ゼミ単位で交流をするならターゲットは明確だが、初学者向けの海外体験プログラムでは、地域調査の内容に関する間口は広げておく必要がある。すると、実習の深まりや、海外と日本との比較の視点は弱くなる。これにはよい解決策は見つからないが、参加学生の中にその分野のリーダー役を配することで、あ

（1）理念や経緯については、田川公太朗・永松 大（2010）「韓国江原大学校における「海外フィールド演習」のこころみ」地域学論集7（2）、pp.323-336を参照。

る程度実習を動かしやすくなる。

　プログラム自体からは少し離れるが、経済面を考えると海外実習にかかる費用をできるだけ安く抑える努力も欠かせない。引率者に手間がかかることになるが、安価な航空券の手配、現地での安価だが安全な宿泊場所の確保等が重要となる。これには事務組織の支援が必要である。

【人材の養成】

　学術協定校との大学間交流、といえば聞こえは良いが、たいていの場合、大学内で組織的に実施されているものではない。このため、新たに学生派遣等を始めるためには、協定先に強力な協力者をみつけられるかどうかがカギとなる。

　無事に交流が始められた場合、次の関門は交流の継続性である。学科などを窓口とした交流であっても、実際に交流にかかわっている人間は少ないことがほとんどで、特定の個人に頼っていることも多いだろう。個人対個人で成り立っている交流は、時間の経過とともにどうしても継続が難しくなる。国際交流に積極的な人材を周囲で養成し、交流のパイプをどんどん太くしていく不断の努力が重要である。

【経済的支援】

　具体的な数字は持ち合わせていないが、我々が日々接している大学生たちは、以前より経済的余裕がなくなってきている印象がある。学生を海外に送り出すためには、渡航を経済的に支えるしくみが欠かせない。編者の属する鳥取大学地域学部では、学部同窓会や父兄会からの援助、日本学生支援機構（JASSO）の海外留学支援制度等を利用して参加学生への経済的援助を実施してきた。この点には、組織としての国際交流戦略も関係してくるだろう。

【おわりに】

　海外フィールド演習では、少人数プログラムならではの柔軟性を活かして、手づくりできめ細かな対応を心がけてきた。引率者や参加学生の興味にあわせて内容を柔軟に変更することで、プログラムへの参加意欲を向上させ参加者の満足度をあげることを目指してきた。反面、毎度新しいことにチャレンジすることとな

り、企画側の労力が増す結果となっている。プログラムの安定性という点で課題は多い。しかしプログラムがうまく機能し、交流がすすんで仲良くなった学生たち（写真1）を目の当たりにすると、その苦労は吹き飛ぶ。

このようなプログラムは、自ら積極的に海外にでかける意欲のある若者には不要なしかけであろう。あくまで、海外経験の少ない平均的な日本人学生の海外渡航ハードルを下げ、彼らのインターローカル思考を培う入口として機能することを主眼に置いている。各地で同様のとりくみが増え、海外の地域を体験する学生がますます増えることを期待する。

写真1 ベトナム・フエ王宮跡にて、日越の学生たち（2012年）

〔永松 大〕

第3部 インターローカルな思考のススメ

　今日では、留学、研究、ビジネス、旅行など、海外に出ていくことは少しも珍しいことではない。完全に居を移してしまうことも、国籍を変更することさえある、そういう時代に私たちは生きている。それでも、海外の人々、生活や文化に触れることが、個人にとっても地域にとっても大きな意味をもつことに変わりはない。ここには新たな豊かさの可能性がある。

　第3部では、様々な海外体験を具体的に紹介する。そこからグローバルでもナショナルでもない、「インターローカル」という新たな視点が立ち現われてくるだろう。というのも、日々の生活は「ローカルな世界」で具体性をともないつつ展開しており、私たちは認識の仕方、考え方や感じ方をまずはローカルな世界で獲得しているからである。海外で体験するのもしばしばローカルな世界である。グローバルな視点やナショナルな捉え方とともに、ローカルな世界のもつ意義にもしっかりと目を向けたい。

　それでは第3部について手短に説明しよう。最初に、明確な目的をもった研究活動としての海外体験のもつ意味について考える。身をもって経験することの重みと豊かさ、比較して初めて見えてくる、自文化の様々な側面、歴史的に蓄積されてきた本物に触れて感得する深い理解などである。

　次に、身体的な五感を通した理解について紹介する。「生きる」という切実な必要から生まれる生命力あふれる語学力、文学の舞台となった土地に立つこと、すなわち、風土を前にして、知性だけでなく身体で感じ諒解するローカルな世界の奥深さ、「食べる」という最も身近な行為から感じ取るローカルな文化の豊かさや異質性である。

　最後に、自らのローカルな世界（地域）に向き合いつつ、海外のローカルな世界に飛び込んで、学び合い、学びを地域に活かして地域の抱える様々な問題を解決しようとする「インターローカルな思考」である。

　このような多層的な学びは個人の人生と地域の暮らしを豊かにしてくれることだろう。

〔柳原邦光〕

1 海外留学のススメ―ドイツ―

〔田村純一〕

(1) ドイツという選択

　明治期に日本が欧米に並ぶべく努力するにあたり、特にドイツから化学や生物学に関する知識を多く吸収した。当時ドイツで学問が進んでいたという以外に、ドイツ人の価値観や道徳観が日本人のそれと似ていたのも理由のように思える。例外はあるものの、開放的なラテン系とは対称的にドイツ人は真面目で論理的で、お金や時間に極めて正確で、気むずかしくて頑固で議論が好き。この辺まではよく言われるが、実はそれほど厄介ではなく、付き合ってみると腹を割って話せる、信頼に足る愛すべき人たちである。概して真面目な日本人とは気が合う。今度はイタリア抜きでやろうと言う人もいるらしい。日本にいるとなかなか気づくことはないが、実際に現地で生活してみるといろいろなものが見えてくる。30代の始めにドイツに留学した経験から、「外国で生活するとはいかなるものか」をご紹介しようと思う。

(2) 海外留学のきっかけ

　私は大学院修了後、東京の私立大学に勤務したが、その大学に潜在していた政治的な力や同僚教員の価値観の違いに辟易した。これらは学生時代には見えなかったもので、ほどなく職場を変えることを考えた。すでに妻子がいたので突拍子もないことはできなかったが、大学の恩師に国費留学を奨められ、運良く採択された。したがって私の海外留学は決して自発的なものではなく、どちらかというと消去法の結果で、海外留学を考える方々にはあまり偉そうなことはいえない。ともあれ大学には辞表を出し、糸の切れた凧のような生活に踏み出した。独身学生の時と違って、留学に妻子を巻き込むことになったので、その責任と覚悟はあったつもりである。

　日独間の国費留学には、学部学生や大学院生を対象にするDAAD奨学生や博

士号を持つ研究者を対象にするフンボルト奨学生などの制度がある。どの奨学生制度も特別なものではなく、資格があれば応募でき、私はフンボルト奨学生として留学した。理系のフンボルト奨学生は研究開始前に現地のゲーテ協会（Göthe Institut）で2ヶ月の語学研修が義務づけられている。たった2ヶ月だが、以下に述べるように、人生の中でこれほど憂鬱な時間はなかったと言ってもいいくらい、気持ちが暗くなった。指定された語学研修地はバイエルン（Bayern）州の人口約1万人の田舎町ムルナウ（Murnau）である。

（3）インターローカルな語学研修

妻子を日本に残して私がドイツに到着したのは、当地では晩秋の10月末だった。ドイツの冬は駆け足でやってくる。秋に渡独してはいけないと言われていたが、すぐにその意味がわかった。急に日が短くなり、日本から来た自分が取り残され排除されるかのように、到着から数日で町は冬支度を始め、レストランのテラス席はなくなり、噴水は板で囲まれた。気温も日に日に下がり、雪が降り始めた。その陰鬱さは山陰の比ではない。

Götheの授業は8時開始だが朝食は学校で出るので、まだ暗い7時頃に下宿を出る。朝食は決して和やかではない。まくしたてた方が勝ちのような会話が飛び交う朝食には馴染めなかった。生徒は世界中から集まっているが、会話の主導権を握るのはたいていラテン系の生徒で、聞いていると文法はめちゃくちゃだが、とにかく喋る。「ドイツ語を習得して、この地でひと旗あげてやろう」という若者が多く、「語学研修が目的ではない」と冷めている私とはモチベーションが違う。当時はバブル期で、日本の商社や銀行から来ている40～50代の会社員もいた。私には彼らが癒しの存在だったが、社費で丸抱えのうえ現地で車も持っているような彼らと、語学研修中は月額2万円程度の小遣いしか国から支給されず、わずかな蓄財を崩して生活中の失業者は同じレベルでつき合えない。寂しさを紛らわすための日本との連絡は公衆電話か手紙に限られる。しかし、5,000円相当の大枚をはたいて手に入れたテレホンカードも日本に電話するとあっという間に終ってしまう。冬のBayernの寒さの中、絶望感と孤独感に背中を押されるように、この際きちんとドイツ語を身につけておこうと考え直した。

Götheの授業は全部ドイツ語で行われる。辞書は使用禁止。わからなければ会

話を止めて尋ねるシステムだ。おそらくどの言語の外国語学校もそうだと思うが、語彙の少ない外国人がなんとかして意志を伝えるには、知っている単語を総動員して別の表現をする技術を教わる。それともう一つ。民族によって考え方や表現が違うので、必ずしも教科書どおりの表現がぴったりくるとは限らない。Götheには割と日本人の生徒がいて、教師も日本人の特質をよく心得ていた。日本人は白黒はっきりさせるような直接的な表現を避け、曖昧な表現を好む。「場合によりけり」とか、「ちょっとだけ」とか、ドイツ語の教科書には登場しない表現がある。前者は英語のIt depends.に相当するEs kommt darauf an.やEs hängt darüber an.を、後者はeinbisschenと言うとドイツ人は納得する。あまり多用すると「日本人はそればっかり言う」と言われるので、適当に混ぜながら使うことも覚えた。ドイツ語のネイティブスピーカーではないGötheの生徒とは午前中だけの付き合いにして、午後は積極的に町に出てパン屋や肉屋、写真屋などでのやり取りを心がけた。パン屋で「Wie heisst das?（これ、なんて言うの？）」「Sonnenblumen（ひまわりの種のパンですよ）」のようになればいいのだが、必ずしも予習どおりにはいかない。あるとき肉屋で「Zwei scheibene Schinken, bitte.（ハム2枚ください）」と言ったのだが、どういうわけか2列（20枚くらい）を包み始めた。僕はそんなにいらないと慌てて説明したのを覚えている。旅行保険に入っていたので、痒いくらいでも医者に行ってみた。家電事情は興味深い。ドイツでは一般的に蛍光灯を読書灯にしないし売られていない。もともと暗いところで本が読める人たちなので、いらないのだろう。信じられないことに、当時のドイツでは電子レンジを売っていなかった。後で知ったことだが、各家庭には立派な電気オーブンがあるし、学生のアパートでもたいてい備え付けのオーブンがあるので、これもいらないようだ。文化は先進国でも異なっていることを感じさせられた。言葉が伝わらないのではなくて、不要な単語や概念が存在しないといってもいい。インターローカルとはこういうことなのだろう。

　当時のドイツはITが遅れ気味で、FAXでさえほとんど普及していなかった。連絡は電話に限られ、極度の緊張の中でのドイツ語会話は勉強になった。自分のことなら我慢できるが、子どもが熱を出して医者のアポを取らなければいけないとか、先生からスケジュールの確認がかかってくるなどの避けられない場面に何度か遭遇した。たいていは度胸と集中と慣れでなんとか乗り切れたが、研究室の

秘書さんからGötheにかかってきた電話は最も緊張した。初めて大学を訪問する際のスケジュール確認の電話で、数字や記号が頻出し、復唱しながら進めたものの、まるでリスニングのテストのようだった。「コンスタンツ（Konstanz）の駅前からバスに乗って大学に来てちょうだい。バスにはノインアーとノインベーがあって……」頭脳を総動員して、それが9Aと9Bのバスだと想像する間に会話はすでに別の話題に移っている。「先生の部屋は９階のM9◯◯号室で……」数字の聞き取りテストのようなこの電話を思い出すと今でも緊張する。

（4）研究のための海外留学

Bayernは内陸で、寒い時にはMurnauで－15℃にもなった。初めて経験する寒さだった。年末に２ヶ月の苦行が終り、極寒のMurnauから通称ドイツの亜熱帯Konstanzに移った。年明けには家族も合流した。待ちわびた妻子到着の「１月14日」を人に触れて回ったので、「Vierzehenten Januar」は忘れられない単語だ。この頃になると生活に支障のない程度にドイツ語が話せるようになっていた（と思う）。１年後の帰国時に「最初はドイツ語が下手だったねー」といろんな人から言われたので、当時は自己満足していただけなのだろう。

大学の研究室での会話はドイツ語だけだったので、必然的にドイツ語を覚えて喋ることになった。学生のアパートで催されるパーティーに何度か招かれることがあり、妻子を同伴してでかけた。誰でも呼ばれるわけではなかったので、少なくとも嫌われてはいなかったようだ。馬鹿話から専門の話まで、研究室の仲間とはよく喋っていたからかもしれない。ドイツ人と喋りやすいのは、価値観や道徳観に基づく考え方が日本人と似ているからだと思う。今でも当時の仲間に国際学会で会うと話がはずむ。

外国に出かけて外国語を習得しようと考えている人は多いと思う。実際に現地の語学学校で研修することでそれなりの成果を挙げることはできるだろう。私は「現地の語学学校」と「外国の大学の研究室」という異なる２つの環境で外国語を習得した。滞在時間の違いもあるが、言うまでもなく後者で得た知識と経験は前者のそれとは比較にならないくらい大きい。大学の研究室は言葉を習得するために行くところではなく、研究が目的の場所である。しかし、経験に裏打ちされた言葉は忘れない。それが自分の生業であればなおさらである。Das hätte ich gleich sagen können.（俺ならすぐに答えることができるんだけどなあ）は私の恩師（Prof. Schmidt）が実験室を巡回して学生と議論する時の口癖で、学生がよく真似をするので覚えてしまった。

　ドイツはキリスト教国なので「休む日」という概念がはっきりしていた。しかしこれは建前で、本当に忙しければ研究室の学生は日曜でも大学に来て実験をしていた。私もそうだったし、先生も来ていた。日本にポスドクの職が決まってからは、帰国まで限られた時間しかないので頑張っていたのだが、先生の目には一生懸命やっているように映ったのだろう。歯に衣着せない議論も好まれていたのかもしれない。今でもKonstanzに行くとSchmidt先生は私をご自宅やレストランに招待してくれて、へたくそな私の講演に対しても講演料を工面してくれる。今ではあまりドイツ語を使わなくなったので錆び付いてしまったが、3年前にSchmidt先生にお会いした時に「俺は現役を退くから英語は忘れる。今度君が来る時はドイツ語しか喋らないから練習しておくように。」と言われてしまった。次回のドイツ訪問はハードルが高い。

　私たち家族は大家であるHodapp家の屋根裏部屋に下宿し、滞在中は家族のように接してもらった。Hodappさんを訪ねると今でもMein Bruder!（我が友！）[1]と言ってハグして歓待してくれる。東日本大震災の折りには「お前たちの部屋は空けてあるから、日本に住めなくなったらいつでも戻ってこい」と、すぐにメールを送ってくれて心底うれしかった。

　Schmidt先生もHodappさんも、私たちが日々の研究や生活でいろんなところにぶつかりながらも一生懸命なんとかしようとしてきた姿を見てきたので、今でも私たちのことを評価し、よく思ってくれていると私は思っている。ドイツ語はそれに付いてきたもので、目的ではなくて結果である。言葉の習得だけが目的であったら、ここまで深い付き合いにはならなかったろう。留学を考えている人には、自分が世界で戦えるものを磨くために修行してきていただきたい。その軸足がぶれなければ、必ず互いにリスペクトできる友人が見つかり、現地語の習得やいろんなおまけがついてくる。

　私の場合はかなり例外的なので同じ道はお勧めしないが、日本に職を持ちなが

（1）Bruderは本来兄弟の意味だが兄弟のように親しい友人にも使う。

写真 写真左：帰国前日（1993年3月30日）にHodappさんの姪と次男とともに撮影。Konstanz滞在中は後ろの家の屋根裏部屋に住んでいた。写真右：研究室の学生達と同日に撮影。

ら留学させてもらえるような恵まれた機会は今後激減するだろう。それゆえ、夢があり、思考が柔軟で、貧乏を苦とせず、もろもろのしがらみもない、元気な若いうちの留学をお勧めする。当時、日本に職を持ちながら留学している人たちを見ると羨ましかったが、隣の芝生が青く見えただけで皆それなりに苦労はおありだったろう。逆に私が羨ましく見られていたかもしれない。なにしろ日本に帰るあてがないのと引き換えに、私には他の人にない自由な時間があったのだから。国費留学と言えば聞こえがいいが、決して楽ではない質素な生活だった。しかし、お金がないなりに家族が協力して工夫をした。インターネットもメールもない不便さが自分たちの成長を後押ししたとも思っている。50代になった私をあの時に置けば、貧困を嘆き、手間や工夫を面倒に思うであろう。留学は若い時にしかできない若者の特権ではなかろうか。

2　日本留学で得たもの

〔李　素妍〕

（1）留学のきっかけ

　"文化財の保存科学"を学ぶために日本に来てから、多くの人たちに「なぜ、日本に留学するのですか？」と聞かれた。この質問を受けたとき、「なぜ日本留学の理由を聞くのか？」と不思議に思った。また、大学時代に日本語を勉強していると話すと、「なぜ、英語ではなく日本語なのですか？」と先輩から質問されることもあった。私の人生で「日本（語）」と関連する思いは、「なぜですか」ということが多かった。しかし、日本語を勉強した契機は「なぜ」ではなく、「日本語しかない」という事情があった。今からその事情を説明したいが、まず簡単に自己紹介すると、私は韓国人で名前は李　素妍（イ　ソヨン）、韓国語では이 소연と書く。

　高校生のときに第2外国語で日本語を勉強したが、私が通っていた高校では外国語の選択肢がなく日本語の授業だけであった。さらに、私は日本語が下手でテストの成績は悪く、先生によく叱られた。これが悔しくて猛勉強し、テストの成績を上げた。これが日本語勉強のスタートである。

（2）留学準備

　大学4年生のとき友達は就活で忙しかったが、私は大学の専攻であった「歴史学」で大学院入試を目指した。歴史学の中でも、とくに東洋史が好きであった。しかし、卒論を指導していただいた先生に、「歴史学で大学院に進学しないほうがいいよ。就職がつらいよ。」と言われた。その先生は、日本の文部省（現、文部科学省）の奨学金で国費留学を経験した方であった。この国費留学は後で私の人生にも影響を与えるが、大学時代にはまったく関係がないと思った。先生のお話しを聞かずに他大学院の入試を受けたが、「不合格」であった。

　大学院入試の失敗や就職に興味がなかったので、大学卒業後に何をすればよい

かわからなかった。日本語をもっと勉強すると、何かチャンスがあるのかもしれないと考えた。新聞でみつけた他大学の社会教育院で1年間日本語を勉強し、多くのことを学んだ。例えば、正しい日本語の発音や言い方をしないと、大人が幼い子供のような言い方をすることと同じであると言われた。この考え方は、今でも大事にしている。社会教育院での教育が終わった後、「私、何をしようか？」と悩んだ。

その時、目に入ったのが当時の「日本文部省国費留学生選抜試験」であった。日本政府の支援をいただいて留学する制度であり、選抜試験は国や応募内容によって異なった。私が目指したのは、研究生、修士課程および博士課程で奨学金と生活費をもらって大学院で勉強することであった。選抜試験項目は、①日本語と英語のペーパー試験、②ペーパー試験合格後、大学専攻に合わせて日本の大学院を探し、指導していただく先生の内諾書をもらうこと、③韓国での日本語面接であった。この試験に挑戦して3回目で合格した。

（3）留学スタート

国費留学生たちと一緒に韓国を出発したが、私が選んだ大学院に行く人は誰もいなかった。4月上旬の寒さや不安を感じながら研究生として留学生活をスタートした。国費留学のペーパー試験や面接の準備を行っていたので、日常生活に問題はないと思っていた。しかし、試験と生活での言葉はかなり異なった。しらばく、毎日がチャレンジの連続であった。

留学直後、日本語に十分に慣れなくて人の身振りや表情をみて会話が理解できた。とくに電話で会話すると、英語のリスニング試験のように緊張して大変であった。当時、学生部屋と実験室が同じ建物にあったが、先生の研究室は別の建物にあった。先生が急に実験道具を必要とするとき、学生部屋に電話して頼むことがあった。そのため、学生部屋の黒電話が鳴ると、だいたい先生からの電話であった。私は日本に来たばかりで、ほとんど学生部屋で過ごしていたので先生の電話によく出た。先生からの電話の内容は、「〇〇さん、いますか？」、「ノギス持って来てもらえますか？」などであった。初めて「ノギス」という単語を聞いて、頭の中で「何だろう？」と思った。単語が分からなくて恥ずかしかったが、ものをみて覚えるしかなかった。ご存知の方がいらっしゃると思うが、ノギスは長さ

などの寸法を正確に測定するための器具類である。留学直後の私にとって先生の電話に出るのは大変なことであったが、先生とのコミュニケーション方法や実験道具などを学ぶチャンスとして考えた。そのおかげで先生の研究調査に参加することができて、専門分野に関する知識を増やしていった。そのほか、研究室での鍋パーティーや食事会に参加して、日本文化や日本人の考え方を学んでいった。

　国費留学生にはいくつかの制限があって、研究生2年、修士課程2年、博士課程3年の間に課程を修了しないと、本国に帰るかまたは私費で留学を続けなくてはならなかった。研究生1年のとき、修士課程の入学試験の合格を目指して専門分野に関する勉強を始めた。大学と大学院の専攻が異なったので日本語の専門用語が韓国語でわからず、関連分野の本を読んでも頭に入らなかった。たとえば、「膠（にかわ）」は韓国語で「아교」と呼ぶが、「아교」が何を意味するかを知らなった。辞書を引いて「膠」の日本語の発音を覚えてから、韓国語での意味を勉強した。また、専攻分野の本を選んで研究内容に関する情報を取得した。

（4）文化財からみた「地域」の重要性

　私の研究対象は文化財である。文化財はその国の文化、歴史および芸術などが溶け込んでいるので、その国に対する理解が足りないと研究はうまくいかない。外国で研究を実施するとき、1回の研究調査や現地視察ですべてがわかるのは難しく、時間をかけて徐々に慣れていくことが重要である。これらは大学院生の経験から学んだ。私が所属していた研究室には日本人の学生の他に、中国（新疆ウィグル自治区）やエルサルバドルから来た留学生がいた。韓国人を含めれば、3ヵ国の留学生が集まった研究室であった。また、先生は研究調査で、新疆ウィグル自治区、エルサルバドル、カンボジア、韓国などを訪問した。そのおかげで、それぞれの国に行くチャンスを得ることができた。先生と研究室の学生が外国へ出かけるとき、その国の出身学生が旅程を考えて案内する役割を担当した。このような方法で、新疆ウィグル自治区、エルサルバドル、韓国に行くことができた。

　韓国に行ったときは、同じ研究室で所属していた韓国人と私が旅程をつくって案内した。韓国を案内しながら通訳の他にエクスカーションや食事など、さまざまな部分をサポートした。研究室の学生たちは韓国を初めて訪問していたので、食べ方、交通のルールおよびお店の選定などの些細な部分まで気配りをした。こ

写真1　中国カシュガル市所在の香妃墓（2006年）　　写真2　建物の壁から剥がれ落ちたガラスブロック

のサポート役割の経験から外国人に韓国を案内するときに必要なことを学んでいたので、今も学生を韓国に連れていくときに非常に役立っている。

　次は、新疆ウィグル自治区について紹介する。日本から北京に行って飛行機や汽車を利用して新疆ウィグル自治区のウルムチ、クチャ、カシュガルを見て回った。カシュガルは中国最西端の都市で、香妃墓という建築物がある（写真1）。これは香妃とその家族のためにつくられたお墓である。香妃は清代乾隆帝の妃で香ばしい娘の意味である。お墓の建物には鮮やかな青や緑のガラスブロックが使用されていたが、そのガラスブロックは所々で剥がれていた（写真2）。お墓の修理担当者によると、ガラスブロックを壁につけるときに石膏に水を混ぜたものを接着剤に使っていた。たぶん、カシュガルで安くて入手しやすい石膏を接着剤として使い、それが原因でブロックが落ちていたのかもしれない。

　海外において文化財の保存修復をするとき、修復材料の選定は重要である。日本の多様な材料を使用して修復ができても、同じ材料が地域（外国）にないと再修復作業がうまくいかない。そのため、地域の特性を活かした研究活動が必要である。その国のスタッフや研究者との連携をとりながら、現地の素材を利用して作業をおこなうことが望ましい。

（5）留学をとおして得た「三つの力」

　留学によって取得した「力」について紹介する。第一に、通訳力である。先生

が仕事で韓国を訪問したとき、何回か同行したことがあった。初めて先生と一緒に韓国へ行ったときは、まだ研究生であったので通訳をするレベルではなかった。先生に通訳を頼まれて初の通訳に挑戦した。しかし、専門用語の日本語と韓国語が分からないこと、相手が言った内容を覚えて話すことがうまくできず、「失敗」であった。その後も日本の先生と韓国の先生が一緒に会話するときに、通訳を担当した。修士課程に無事に入学してから、「通訳」と「翻訳」の難題に遭遇した。日本、韓国および中国の保存科学に関する国際会議が、日本で開かれたことがある。私と同じ研究室にいた韓国人学生に任されたのは日韓の同時通訳と資料翻訳であった。修士課程に入ってようやく自分の研究分野を勉強し始めたときであって、さまざまな分野の専門用語はわからなかった。さらに、同時通訳は会議資料の内容を完璧に理解しないと、うまく伝えられないことを全然知らなかった。大変苦労した仕事であった。しかし、私が会議の主題である「保存科学」を勉強している学生であり、資料内容への理解があったことに助けられた。また、日本留学の経験を活かして専門用語の言葉や文章をわかりやすく伝えることができ、「同時通訳」の危機を無事に乗り越えた。その後も専門分野に関する通訳をしていたので、日本語と韓国語で言われた内容を人に伝えるコツを掴んでいる。

　第二に、情報力である。日本で専門分野の勉強をしながら、日本における保存科学の動向や情報を取得している。それと同時に、韓国の大学の先生や研究所の方との交流をとおして韓国の研究分野に関する知識も持っている。一つの専門分野に対して2ヵ国の情報やネットワークを保有しているので、研究内容に応じて必要な情報を日韓の研究分野から選んで使用している。また、日本と韓国の専門分野がもっている長所や短所を把握して利用しているので、研究活動の範囲や視野が広くなる。たとえば、木造文化財の劣化原因の一つに虫がある。その対策として、韓国では天然材料から抽出した成分を使用して薬品をつくって殺虫をしている。天然素材をもちいた環境にやさしい方法とも言える。日本では開発されていない研究方法であるので、今後韓国の研究者と共同研究を行うことで、日本でも使用可能な薬品が提案できるかもしれない。

　第三に、人的ネットワークの力である。大学院生のとき、先生の紹介によって韓国の大学で保存科学を教える先生を知ることができた。今、韓国の先生と協力して日韓における考古学および保存科学の学生研修をおこなっている。今年2月、

写真3 韓国での鉄製文化財の保存処理に関する演習（2016年）

写真4 鳥取での石造文化財の劣化診断に関する演習（2016年）

　鳥取大学の教員が鳥取大学の学生たちとT大学大学院の学生たちを引率して韓国を訪問し、韓国の文化財と保存科学について研修を行った（写真3）。同年8月、韓国の大学教員と学生たちが鳥取大学にきて日本の文化財と保存科学に関して研修を行った（写真4）。このように日韓における学生研修がおこなえるのは、日本に留学しながら韓国の先生とのコミュニケーションを続けていたためである。

　日本語や日本留学を選んで、多くの人から「なぜ、日本ですか」との質問を受けてきた。今までの経験からみると、私の周りにあった「チャンス」を1つずつ繋げていた結果が「日本留学」になっていたと思う。その留学をとおして得た「3つの力」を利用して研究活動をおこなっている。留学は大変なことであるが、学生の皆さんには留学経験から数多くの「自分だけの力」を得て「地域に根付いた人材」として活躍してほしい。

3 ヨーロッパの学校で社会を見る

〔柿内真紀〕

（1）はじめに

学校。そこから逃れたい人もいれば、行きたいと願う人[1]もいる。そう願ってもかなわない人もいる。制度的な学校だけが学びの場でないことはいうまでもないが、学び（学習権）を保障する（しなければならない）場であることは事実でもある。また、学校も「教室」の中だけが学びの場ではない。本稿では、筆者がこの15年余りのあいだ眺めてきたヨーロッパの学校や学びの場を振り返りながら（旅をしながら）、学校をめぐるさまざまな視点を提示してみたい[2]。では、ヨーロッパの旅へ出かけよう。

（2）ヨーロッパを歩く・見る

日本から直行便で行くと、ヨーロッパの北の玄関口のひとつがフィンランドのヘルシンキ。フィンランドは周知のように2000年代前半のPISAの結果により「学力世界一」と称され、日本でも多くのフィンランドの教育に関する本が出版されてきた。近年のPISAでは、シンガポールなどアジア諸国（地域）が上位を占めているのだが、PISAの結果よりも注目しておきたいのが、フィンランドで感じ取られる「学びの雰囲気」とでも言える環境や社会のありようである。おそらく北欧諸国の持つ社会のあり方と言ってもよいだろう。そのことを感じたのが、ヘルシンキ市内の小学校にやってきた移動図書館（写真1）である。授業の合間に「さあ、出かけますよ」と担任教員が子どもたちと向かった先が、このバスの図

---

(1) たとえば次の映画。「おじいさんと草原の小学校」(2010年。ケニアの83歳の小学生。実話の映画化)、「学校」(1993年。日本の夜間中学が舞台)。
(2) 世界の学校の制度等については二宮皓編著（2014）『世界の学校（新版）―教育制度から日常の学校風景まで―』学事出版、がわかりやすい。または外務省サイト「世界の学校をみてみよう」で検索することができる。

書館であった。子どもたちはコートを着ると、校舎の外で待つバスへと向かって行く。いっしょにバスの中に入ってみると、子どもたちは慣れたようすで静かに本を選んでいた。そして、本を借りて短時間で教室へ戻っていく。公共図書館は市民の学びの場であり、活用度は高い(3)。それは子どもたちも同じようにみえる。図書館や文化施設と隣接している高校もある。学びの場は学校だけではない。

写真1　バスの移動図書館（フィンランド）

学校外で子どもたちをよく見かける場所のひとつに博物館がある。写真2はイギリスのロンドンにある大英博物館の裏側の入り口である。大英博物館に行くと校外学習中の子どもたちに毎回出会う。館内で、床に座り込んでワークシートに取り組む子どもたち、教員に引率されて説明をきく子どもたち、ホールで休憩する子どもたち。小学生は学校ごとに上着が異なるので、複数の学校から来ていることがわかる。学

写真2　大英博物館に入る子どもたち（イギリス）

びの場は教室のなかだけではない。博物館を訪問したら、子どもたちをそっと観察してみよう。会話に耳をそばだててみよう。

　さて、ヘルシンキから高速艇で約1時間半。バルト海のすぐ向こうにあるのが、エストニアの首都タリン。そのエストニアをさらに南下すると、ラトヴィア、リトアニアと続く。バルト三国と呼ばれる、1990年代はじめにソビエト連邦（ソ連）

（3）原田安啓（2009）「フィンランドの公共図書館」奈良大学紀要Vol.37、pp.21-37。

解体により独立した国々である。写真3はラトヴィアの中等学校の教室入り口に掲げられていた、EU（欧州連合）のシンボルが付されたプレートである。こうしたプレートはラトヴィアで訪問したいくつかの学校でよく見かけた。それらは、EUの基金による学習環境整備がなされていることを示している（写真4）。施設・設備だけではなく、たとえば理科分野などの教材パッケージが作られている場合もある（写真5）。

2016年6月にイギリスが国民投票でEU離脱を選択することになったが、教育・訓練分野におけるEUの持つ意味は大きい。それには主に二つの理由がある。まず、EUの基金による地域支援政策が、ラトヴィアのように加盟国のなかでも小国や南欧の経済的援助が必要な地域では特に重要な役割を果たしていることである。そして2つめは、EUの教育・訓練プログラム（2014-2020年に展開されているのは「エラスムス・プラス」）がヨーロッパの学校間交流（就学前から成人すべてにわたる生涯学習）や大学間の学生移動、研究者たちの多国間共同研究などにとって、今やなくてはならないものであることである。イギリスの国民投票においても、大学生や大学教員の多くがEU残留派であった。特にエラスムス・

写真3　EUの基金によることを示すプレート（ラトヴィア）

写真4　生物の教室での授業風景（ラトヴィア）

写真5　EUの基金による教材パッケージ（ラトヴィア）

プラスの前身のひとつである、学生の大学間交流（「エラスムス」）は1987年から始まり、最も成果があったプログラムである[4]。同じく就学前から中等教育段階までの交流プログラム（「コメニウス」）も、ヨーロッパ内の多くの学校間交流を育ててきた。写真6はコメニウス・プログラムに参画していたドイツの学校で展示されていた交流の全体像である。人の移動による交流

写真6 コメニウス・プログラムによる学校間交流の展示（ドイツ）

は、「知のヨーロッパ」の形成やヨーロッパ市民というアイデンティティの形成を促そうとする。そして、ヨーロッパで暮らす営みを描かせる。

(3) 立ちどまって考えるヨーロッパ

ところで、EUに2004年以降に加盟した新規加盟国（いわゆる「EUの東方拡大」で加盟した東欧・バルト諸国等）のひとつであるラトヴィアを旅すると、東西冷戦終結以降の社会変容の在りようを感じ取ることができる。それは、ソ連の解体が何をもたらしてきたのかである。ラトヴィアはソ連時代に、ラトヴィア語とロシア語の教授言語別に学校が分かれていた[5]。独立後はラトヴィア語が唯一の公用語となり、ラトヴィア語が優位のカリキュラムとなったが、いわゆる分離型学校は続いている。なぜ、分かれているのか。実はエスニシティ別人口割合でみると、ラトヴィア系61.4％、ロシア系26.0％、首都リガではラトヴィア系45.7％、ロシア系38.3％（ラトヴィア政府統計2014年）と、ロシア語系住民の割合が高い。ロシア語系住民はソ連時代に移動してきた人びとが多く、当時はロシア語が優位

---

(4)「エラスムス・プラス」については駐日欧州連合代表部公式ウェブマガジンの特集が詳しい(http://eumag.jp/feature/b0614/)。学生の大学間交流プログラム（「エラスムス」）は、映画「スパニッシュ・アパートメント」（2002年）でも描かれている。

(5) 柿内真紀（2013）「ラトヴィアの言語政策と市民性教育」近藤孝弘編『統合ヨーロッパの市民性教育』名古屋大学出版会。

であった。「独立した」からといって、またはロシア語系とラトヴィア語系の人びとの言語的な優位が逆転したからといって、歴史は簡単には立ち去らない。人びとの暮らしはその後も続くのである。特殊な民族構成を抱えるラトヴィアや、移民や難民・避難民の多いヨーロッパ諸国[6]だけでなく、それは日本を含めて世界の多くの国や地域で、学習権の保障の対象となる国民（市民、住民）とは誰なのか（従って公費が投じられる）、学校で使われる言語（教授言語）は何語かをめぐって、問われ続ける論点でもある。ここでは詳しく触れる紙幅がないが、言語のほかにも、ヨーロッパではイスラムなど異なる宗教を背景とする人びととの共存も課題であり、学校もその課題に直面している。

　人の移動や社会体制の転換は、さまざまな生活の変化を社会にもたらし、学校にもたらす。では、学校はどのような場を提供しつつあるのだろうか。新規加盟国の人びとの多くの移動先となったイギリスの例をみてみよう。イギリスでは、EU離脱を問う国民投票でもEU域内からの人の移動がもたらす問題が焦点となった。2004年以降、東欧・バルト諸国からの移民が急増したからである。受け入れ社会（地域）も、移動してくる人びとのどちらにとってもその変化を受け容れるのは簡単ではない。なかでも特に数の多いのがポーランドからの人の移動である（写真7）。ポーランド系移民の場合、子どもたちが通うポーランド語での土曜学校（Saturday School、いわゆる補習校）が彼らの言語・文化コミュニティであり、家族も含めた支援やつながりのネットワーク（社会関係資本）拠点にもなっている[7]。海外在住の日本人にとっても補習校や日本人学校の存在は同様である。そこでは「学校」が人びとをつなぐ場になっているのである。

（4）いまどきのヨーロッパ

　旅の最後に、少し視点を変えて、日本の文化をヨーロッパにみてみよう。バルト三国と同じように、1990年代に社会体制の転換があったのが東欧やバルカン半

（6）移民の子どもたちの学校生活については、たとえばフランスの映画「パリ20区、僕たちのクラス」（2008年）、「バベルの学校」（2013年）が参考になる。また、園山大祐編（2016）『岐路に立つ移民教育』ナカニシヤ出版、が詳しい。
（7）柿内真紀（2015）「EU域内の人の移動と構築されるヨーロッパ的次元空間」青木利夫・柿内真紀・関啓子編著『生活世界に織り込まれた発達文化』東信堂。

島諸国である。次にその一つ、旧ユーゴスラヴィア連邦に属したスロヴェニアをみてみよう。オーストリアからアルプスを越えると、スロヴェニアである。冬季オリンピックで活躍するスポーツ選手が多いのもうなずける。写真8は2011年に訪問したスロヴェニア北部にある小規模の町の高校で展示されていた生徒作品であるが、読み取れるだろうか。日本語で書かれた「Haiku（俳句）」である。1984年のサラエボ冬季オリンピック（当時はユーゴスラヴィア連邦）で日本とのつながりができ、それ以来交流が続いているという。Haikuが世界と日本を結ぶ伝統的な日本文化だとすれば、現代日本文化にもその役割を果たしているものがある。そのひとつが「Manga（マンガ）」である。この高校で英語の授業見学の際に生徒たちに質問する機会を得て、

写真7　ロンドンのポーランド系住民が多い地区で見かけたポーランド系の店（イギリス）

写真8　「俳句」の生徒作品（スロヴェニア）

「Mangaは好き？」と尋ねると、授業中よりもかなり大きな声と笑顔で一斉に「Yes!」。「なぜ？」の問いには、「Awesome!」（「スゴイのさ！」）。

　Mangaは、たとえばイギリスの書店でもドイツの書店でも、そのコーナーをすぐに探し当てることができるほど人気がある。スペインでは毎年、Mangaの大イベントが開催され、多くの若者が集まる。それを伝えるスペインのテレビ局のニュース番組では「Otaku（オタク）」の語がそのまま使われている。フランスやベルギーにはマンガに相当するバンド・デシネもある。日本でもバンド・デシネは静かな人気を呼んでいる。日本のサブカルチャーを知ることは、まさにローカルから世界への双方向の入り口でもある。

(5) おわりに

　今回の旅はここまでだが、ヨーロッパの学校をみると、異なる言語や宗教、文化についてあらためて考えるきっかけがたくさんあることに気づく。そして、同時にヨーロッパ社会が透けてみえてくる。学校と社会はつながっているからである。それはどこでも同じである。日本にも、自分の関わる地域にも、見えていない、見ていないだけで、実は世界とつながる（同じ）ものがある。それが見えるようになるか、どうか。それがわたしたちの学びであり、社会を見るまなざしである。

　振り返れば、スロヴェニアの例は、学校を訪問するときに何をみるのか？ 何を尋ねるのか？ 生徒はどんなカルチャーに囲まれているのか？ そんな始まりの視点も提供してくれている。社会を見るまなざしを持つために、まずは行って、歩いて、眺めることから始めてみるのもひとつである。

4 英国のものづくり研究のすすめ―広がった人脈と知識―

〔土井康作〕

(1) はじめに

若い人たちに、諸外国を訪問し、地域文化にふれることをすすめたい。その経験知は、書籍などからでは得られない、本物の知識だからだ。音、匂い、味わい、肌触り、色など、身体を通して得た本物の知識なのだ。

本稿では、日本と英国の国際比較研究や英国の文化遺産にふれて得た私の心の財産となっている二つの事例を紹介する。

(2) 第一の事例

【英国調査の取り掛かり】

第一の事例は、2003年からはじめた"英国と日本の児童生徒のものづくり意識の国際比較研究"の体験エピソードである。国際比較研究を始めようと考えた動機は、日本には普通教育としての技術教育は中学校しかないが、英国は小学校から高等学校まで一貫してあることに疑問を抱いたことにある。教育制度や文化の違いは児童生徒のものづくり意識にどのような影響を与えるか、知りたかったのである。英国の児童生徒のものづくり意識は日本より高いか低いか、違いがあるならば、その要因は何か。要因の究明は、日本の小・中・高一貫をめざす技術教育の制度改善に繋がる、と考えたからである。

2003年当時、私は「技術教育の加工学習における新しい教授方法の開発に関する基礎的研究」をテーマに研究を行っていたが、それと並行して、英国との比較研究に着手しようと考えたのである。しかし、どこから、どのように着手すべきなのか、皆目見当もつかなかった。

手始めに、英国の学校教育を研究している知人に「日英の児童生徒のものづくり意識の調査に協力してくれる学校を探しているが、その方法を教えてくれないか」と相談した。しかし、「学校訪問の経験はあるが、依頼できる学校はない」

とか、「英国は個人情報の管理が厳しく難しく調査はできない」など、そっけない回答だった。いくつか私的なルートを通じ、手を尽くしてみたが、否定的な回答ばかりであった。

次に、英国の英国大使館や領事館などの公的機関を通しての試みである。両館に相談すると、「東京・新宿にあるブリティッシュ・カウンシルに問い合わせするといい」とのことだった。ブリティッシュ・カウンシルは、日本から英国へ留学を促したり、日本に英国文化を紹介したりする目的を持ち、日本に1953年に設置された英国の公的な国際文化交流機関である。

ブリティッシュ・カウンシルに、問い合わせたが、「私どものところでは、そのような業務はしていません」だった。「もう少しお聞きしたいのですが、英国から日本に学校視察をした学校はありませんか。」と、訊ねると、「英国からの視察はあります。しかし学校や訪問者は把握していません。もしかすると、東京都教育委員会は把握しているかもしれません。」だった。そこで、東京都教育委員会に問い合わせたところ、「校長名や学校名は教えられない。ただ訪問した学校名は教えることは出来る。」だった。訪問校名が分かればと考え、訪問校に電話を掛け、調査の主旨を話したところ、英国の"学校名、学校長名、メールアドレス"を得ることができた。遠回りをしたが、この時点で、英国調査がスタートしたといえよう。英国の小学校長10名にメールを出し、7校の学校訪問の承諾が得られた。

【初めてのEast Court Primary School訪問】

翌2004年に、ロンドン郊外のKentのEast Court Primary Schoolを訪問した。校長のJohn Duggan先生（以下John）は最寄りのWelling駅に車で出迎えてくれた。最初East Court Primary Schoolのセキュリティに驚いた。暗証番号入力で校舎内へのドアが開けられ、外部からの侵入は完全に出来ないよう、厳しい管理がなされていた。Johnが私を校舎内に招き入れたとき、目に入ったのは、廊下の壁の掲示であった。日本の地図、あいさつなどの言葉が丁寧に解説されていた。子どもたちには、私が日本からの訪問者ということを知らされているらしく、すれ違い際に、「こんにちわ」と日本語であいさつを交わしてくれた。日常的に日本語が学ばれている様子が窺われた。英国の公立小学校で日本語教育が行われてい

ることに感激したことを思い出す。昼休憩のとき、私は日本から持ち込んだコマを廊下で回した。それを見ていた子どもたちが、次第に集まって、躊躇なく、「僕もやりたい。」といって輪の中に入ってきた。方法を教えると何回か回しているうちに回し始める子もでてきた。遊びを楽しむ様子は、日本の子どもたちとまったく変わりないと感じた。写真1は、英国の新聞に掲載されたものだが、筆者が手にしているのはコマである。

【英国調査のはじまり】

私が英国訪問する度に、Johnは事前に調査校に連絡を取り、ロンドン市内の学校に私と帯同してくれた。11年間もの間、関わってくれたのである。「英国人には珍しい」とEast Court Primary Schoolで日本語教師をしていたRyoko Kalde 先生（以下Kalde）は言う。このKaldeも英国調査に関わってくれた。

彼女はJohnと相談し日本語教師仲間に連絡を取り、多くの調査協力校の紹介をしてくれた。これらさまざまな協力は、知り合いのない私にとって、極めて大きな力となった。

写真1　筆者の訪問を伝える地元新聞の記事

写真2　子ども達にものづくりを教える筆者（中央）

さて、私は、英国の子ども達がものづくりにどのような反応を示すか知りたくて、訪問した学校では、子ども達と手づくりおもちゃを一緒につくるようにした。写真2は、子ども達にものづくりを教えている場面である。子ども達は、身を乗

り出すように手先を注視していて、国は違えども、ものづくりに引き付けられる反応は変わらないことやものづくりには秘められた魅力があることを改めて感じた。

【本格的調査のはじまり】

2006年度から2008年度にかけ本格的に「日本と英国の児童生徒のものづくりの意識及び意欲に関する国際比較」を開始した。これらの成果を2011年夏、The Design and Technology Association（以下DATA）(Keele University) で発表した。この学会のChief ExecutiveのRichard Green氏（以下Green）に、「日本と英国の児童生徒のものづくりの意識差の要因に関する研究」の協力依頼をした。それ以降、彼は、学校長に調査協力を率先して行ってくれた。最終的に小・中学校20校の協力を得た。

【JohnとGreenの日本講演】

2007年に、Johnを鳥取大学に招聘し、英国の教育事情の講義をしてもらった。2014年には再び、Johnに鳥取大学で招聘講義「Education in the UK」をしてもらった（写真3）。Greenには日本産業技術教育学会技術教育分科会（東京）にて招聘講演「Closing the gap – Design and Technology and skills for life and work」をしてもらった（写真4）。講演内容は、英国の技術教育の歴史や英国で行ってきた技術教育振興の運動であった。2011年教育省からのD&T（Design and Technology）教育課程の改訂案は、ひと昔前の"知識・技能の教え込み型"教育への回帰案であった。Greenらは緊急声明を出し、

写真3　John Duggan氏による鳥取大学での講義

写真4　Richard Green氏による日本産業技術教育学会での講演

DATAのホームページに反対の賛同署名欄を設け、5万筆を超える署名を集めた。その結果、教育省に"知識・技能の教え込み型"教育の提案をとり下げさせたのである。英国教育省の提案を変更させるという画期的な取り組みとなった。現在、Greenらが提案してきた、"考える・工夫する・社会と関係したD&T教育"が実施されている。この運動に学び、日本でも、文部科学省に技術教育改善に向けた署名を行うきっかけとなった。

外国との交流には、楽しい出来事や新鮮な出来事と遭遇する機会が数多くある。因みに、JohnとKaldeとは、今も家族ぐるみで付き合いをしている。

(3) 第二の事例

第二の事例は、英国の文化遺産から得た学びである。英国は産業革命期の遺産を大切にしている国である。当時の様子を今に伝える産業遺産が数多く残っている。英国を訪問した際には、この産業遺産や文化遺産にも触れてみたいと思っていた。産業遺産や文化遺産は、博物館に残されているだけでなく、世界遺産としても、各地に残されている。

見学した主な博物館は、①大英博物館、②科学産業博物館、③科学博物館、④自然史博物館、⑤ナショナルギャラリー、⑥ロイヤル・アルバート、⑦ロンドン博物館、⑧テート・モダン、⑨カンタベリー・ローマン博物館、⑩バーミンガム博物館&美術館、⑪マンチェスター博物館、⑫リヴァプール世界博物館である。博物館の入場料は多くが無料である。

ロンドンの科学博物館にはニューコメンの蒸気機関がいまにも動きそうな状態で設置され、マンチェスターの産業科学博物館には、織り機の発達の歴史が実物で示されている。

イギリスの世界遺産は、文化・産業で世界をリードしてきた歴史的場所が指定されている。例えば、リヴァプールは湾港として発展した商都であるが、黒人奴隷を商品とし売買した、三角貿

写真5 アイアンブリッジ峡谷の前に立つ筆者

易で形成された悲しい過去を持つ地でもある。私が、これまで訪れた世界遺産は、①アイアンブリッジ峡谷（写真5は1779年に架けられた鉄鋼橋）、②ウェストミンスター宮殿／ウェストミンスター大寺院／聖マーガレット教会、③エディンバラの旧市街と新市街、④カンタベリー大聖堂、⑤ストーンヘンジ、⑥ダーウェント渓谷の工場群、⑦ニュー・ラナーク、⑧バース市街、⑨リヴァプール＝海岸の商都、⑩ロンドン塔である。産業技術に関わる遺物や遺構は、使用されていた時代の技術水準を測る手掛かりとなる。織物機械の歴史は、大量生産に向け継続的に手の動作を機械に置き換え続けた機械化・自動化の歴史である。

　布製作を見ると、極めて単純な作業動作の繰り返しからなっていることが分かる。経糸（たていと）に緯糸（よこいと）を上下にくぐらせ布の平面をつくりだすのである。原始的には、樹木から身体に経糸を巻き付け、杼（ひ）を使い緯糸を織り込んでいた。手の作業動作と同じ動作を綜絖（そうこう）や筬（おさ）を、織り機の枠組みに取り付けることによって、飛躍的に生産量が増す。さらに、水力や蒸気の力を使って綜絖を上下に動かす機構が開発されると、生産性が一層高まった。自動化の過程は、合理性の追究の過程といえる。機械作業に滞りが発見されると、次々と機械が改良された。遺構には、これらの生産機械の改善の過程の痕跡をしっかり見ることができる。

　写真6は、Robert Owenの思想に基づいて運営されたニュー・ラナークである。それまで世界史の教科書でしか見たことはなかったが、是非行ってみたかった場所である。人々の生活が豊かになるように、健康が保たれるように、と幼児教育や学校教育、病院が完備されていた。協同組合なども組織さ

写真6　ニューラナーク

写真7　ダーウェント峡谷工場群の織機

れていた理想郷であった。そこに立つと、静かな山々の間をゆっくり流れる川面や現在も稼働している織機から、繁栄していた時代が彷彿された。不思議だが、先のいずれの遺跡を訪れても、その時代に逆戻りした思いがした。写真7は17世紀から18世紀の産業革命初期のダーウェント渓谷の工場群で今も動いている織機である。この写真を見ると、訪問したときに、鳥肌が立つほどの感動があったことや匂い、音、詳細な情景も、とても鮮明に思い出される。なぜ思い出されるのか、それは、かつての労働が今も息づいていることに強い衝撃を受けたからだろう。身体を通した具体的記憶として刻まれていると、写真からでも鮮明に蘇るのだと思う。

(4) まとめ

最後に、外国の研究で気がかりなことは語学であろう。この調査で使用した言語は英語である。私が外国との比較研究をはじめたのは50歳からだ。研究調査の必要性から、英語の学び直しをした。少しずつではあるが、英国人と日常会話ができるようになってきた。必要性に駆られて学ぶとき、語学は身につくし、意欲は増す。その意味ではいつでも語学は学びはじめることが出来るだろう。むしろ動機こそ最も大切だ。その動機こそが、様々な困難を乗り越えさせると考えるからだ。若い人たちが、文字を通して得た抽象的な知識でなく、身体を通した本物の知識を獲得されることを期待したい。

5 『出川イングリッシュ』とその系譜

〔足立和美〕

　英語教育が専門なので、県内の中学校や高等学校の公開授業等を見る機会が多い。昨今の英語授業では、先生方は教室内で出来るだけ英語を使おうと心がけている。これは、文部科学省が高等学校指導要領に「授業は英語で行うことを基本とする」との方針を盛り込み、2013年4月から実施したからである。さらに中学校での英語授業についても、同年12月に同様の方針が発表された。おかげで昨今の英語授業をのぞいてみると、先生も生徒も英語をペラペラしゃべっている…というわけではない。しゃべっているのは主に教師のみで、生徒はかなり受身的というのが一般的である。高等学校では、いわゆる進学校と呼ばれる学校の生徒は、教師の英語をかなり理解し、なんとかスピーキング活動に参加しようとしている様子が見られる。一方で、公立の中学校では、先生が懸命に英語でしゃべるのを、ただぽかんと口をあけて眺めている生徒が多くいる教室もある。それに、進学校の生徒だろうが中学生だろうが、教室から一歩出ると誰も英語をしゃべる必要を感じないのは同じことである。日本で生活する限り、英語はさほど必要ではないかもしれないが、現代はグローバル化の時代であるし、また世界へ出ていけば必ず英語は必要となるのだ─これが中学校から、いや今では小学校から英語が奨励される共通の認識であろう。実際に英語を使う場合に備えて今から教室でも準備をさせておこうという訳である。そしてそのためには、教室を英語で充満させ英語にどっぷりと浸からせるのがベストである、というのが多くの英語教師が信じている現代の揺るぎなき法則なのだ。ちょうどリンゴが地面に向かって落ちるのが不変の真理であると同様に。

　この一見まことに利にかなった考え方は、実は英語のスピーキング力養成に関してはひょっとすると当てはまらないかもしれない。特に目標が、CALP（=cognitive/academic language proficiency、学問上必要な英語力）ではなくBICS（basic interpersonal communicative skills、いわゆる最低限の会話力など）

の場合には、一部の教師が万有引力の法則と同じくらい正しいと信じ込んでいる英語の指導、学習の法則も間違っているかもしれないのだ。以下、その例を紹介してみよう。

　皆さんは『出川イングリッシュ』というものをご存じだろうか。これはあるテレビ番組で、出川哲朗という芸人が使う、いわば破れかぶれの英語のことである。

　出川イングリッシュのシチュエーションはこうである。出川という芸人がアメリカやイギリスといった英語圏へ連れて行かれる。そこであるお題が出される。その課題を解決するために出川は、自分の持っている全知識―片言英語、和製英語、日本語交じりの即興表現、手振り、身振り―を駆使してその課題解決に取り組むのである。その課題解決の方法が、ばからしさと楽しさ、かつまた本人の人柄に由来する一種の天才的ともいえるヒラメキも合わせ持つところに『出川イングリッシュ』の魅力、人気がある。番組はインターネットでも紹介されているので[1]、そこから実例を二三挙げておこう。

【課題】	【出川イングリッシュの例】
(1) 自由の女神像にたどり着く	フリーウーマン
(2) 国連本部でお土産を買う	ワールドホームセンター
(3) 大英博物館で人気のアヒルのおもちゃを買う	ドユーノウガーガーバード？／ガーガーチキン／ひよこのいとこ…

　ネットには、これ以外にも思わず吹き出しそうな例がたくさん収録されている。
　興味深いのは、このような『出川イングリッシュ』に対する視聴者の反応である。インターネット上には、以下のようなツイートが並んでいる。
・すげーな腹よじれるw
・出川イングリッシュには殺されるwwww
・出川さん、あんたやっぱりすごいよ、、、
　といったコメントに交じって、時々次のようなツイートを見かける。
・出川でも普通に行けるなら、俺でも行けそうな気がしてきた
・出川すごいよ。リアクションと熱意で英会話って通じるもんだ。
・出川みてたらふつうに外国いける気してきた。何で英語勉強してんねんやろ

（1）http://matome.naver.jp/odai/2142469225545682401?&page=5

……通じるやん。なんでヒューマンなん。

『出川イングリッシュ』のような「英語」は、専門的にはSurvival Englishと呼ばれるものである。それは、学校で学ぶ文法などは一時忘れ、とにかくある目標を達成するために駆使するなりふり構わぬ言葉遣いのことである。あるいはSurvival Englishとは、正規の授業で学ぶものではなく、ただ生き抜くために頭から絞り出される独自の言語表現と言った方がよいのかもしれない。それは、ペーパーテストなどでよい成績をとるとか、専門分野の英語論文を読むのではなく、実社会で生き抜くことを目標とした英語なのである。粗削りかもしれないが生きる力強さが感じられる。その力強さの理由は、英語を使わざるを得ない状況がまずあり、そのために英語を使う必然性も生まれてくるところにあるように思われる。通常の「コミュニケーション」と称する授業などではこの順序が逆で、まず英語の授業があり、それから英語を使う必然性が現れるのを待つ、というのが普通である。だが必然性がないところには生きる力は備わらない。

実は、Survival Englishは日本国内でもかなり長い歴史を持つ。一例として、有名な松本清張の推理小説『ゼロの焦点』（1959、光文社）では、物語上重要な役割を果たすことになる女性が「ひどくくだけたアメリカ英語を話す」と紹介されている[2]。この小説の背景には、終戦後、日本がまだ米軍の占領下にあった時期がある。このような時代に生きていく手段として、英語を身につけていかなければならない女性もいたのである。

さらに時代をさかのぼると、Survival Englishの原点ともいうべき「車夫英語」の存在にまでたどり着く。車夫英語とは、「明治の開国のころ、文字を知らない人力車の車夫らが英米人に直接接して耳から習得した英語由来のことばたちである」[3]とされる。今でも暮らしの中に残っている車夫英語の例は、

- メリケン粉（←American）
- ミシン（←machine　なお、この単語をスペルに忠実にマシーンと呼んだのを書生英語という。）
- テケツ（←tickets）

（2）http://ja.wikipedia.org/wiki/%E3%82%BC%E3%83%AD%E3%81%AE%E7%84%A6%E7%82%B9

（3）http://ipinoue.jp/hitorigoto/201403.htm

などがある。上の書生英語の例であるマシーンと比べると、車夫英語は耳から習い覚えた分、発音の特徴をよくとらえているのが分かる。だから会話の状況では車夫英語流の方が実用的であると言えよう。昨今のコミュニケーションを目指した英語教育でも参考になるかも知れない。ただこのような英語は、学校教育で身につけるというよりも、英語が使われている状況に飛び込むのが手っ取り早い。逆に、大学で学ぶ英語が車夫英語や出川イングリッシュだけであれば、教育上重大な問題が生じることになろう。

　日本国内以外の場所では、地域社会全体で車夫英語的な表現を共通語として使用していた事例がある。北米などで形成された日系移民の地域社会がその例である。北米などへの移民は初めは、海難事故などによる偶発的なものが中心であった。しかし1885年に日本政府が北米への移民を初めて許可してからは、その数も急速に増加していったようである[4]。こうして海外へ渡った日本人はそこで独自の地域社会を形成していく。その最も有名なものの一つがロサンゼルスにあるリトル・トーキョーであろう。地域社会が整備されるにつれ移民たちは新聞も発行を始めた。たとえば、ロサンゼルスに本社がある『羅府新報』社は、1903年に創立された新聞社である。（羅府はロサンゼルスの当て字。）

　日系移民の人々は、アメリカ社会に受け入れられる前に、差別、偏見、強制収容など多くの困難を乗り越えなければならなかった。そのためには、情報の共有が不可欠であったことと思われるが、そのような役割を果たしたのが、『羅府新報』といったような日本語による新聞であったことは想像に難くない。ただ、日本語の新聞と言っても、アメリカ国内で書かれ読まれた新聞なので、その言葉遣いは日本で発行されたものと異なっているところもある。特にカタカナ表記にその違いがよく表れている。というのも、『羅府新報』の中のカタカナ表記は、日系移民が耳で聞き覚えたものが多く（つまり、車夫英語）、書生英語中心の日本国内で通用している外来語とは食い違っている例が多いのである。足立(1985)は、『羅府新報』の中に見られるカタカナ表記を調査し、得られたデータを音声上の特徴

---

(4) Noel L. Leathers. *The Japanese in America* (*New Edition*) (1978) The Hokuseido Press.
(5) 足立和美 (1985)「日系アメリカ人英語の特徴―そのカタカナ表記の分析と考察―」『中国地区英語教育学会研究紀要』、No.15、pp.29-40.

により分類した[5]。資料は、『羅府新報』1925年2月1日付、同年2月3日付、同年、2月4日付、1934年11月11日付、同年11月12日付、同年11月13日付、および1983年6月16日付の7種類である。カタカナ表記の中で、日本で使われているのと全く同じもの（日本式表記）、英語以外の言語に由来するもの、略語、造語などは除外した。それ以外のカタカナを日系式表記と命名して分析の対象とした。以下、日系式表記の例である。

(A) 強勢のある短母音の表記

【日系式表記】	【英語】	【日本式表記】
(1) ケチン	kitchen	キッチン
(2) ダラー	dollar	ドル
(3) カラムニスト	columnist	コラムニスト

　(2) ダラーと (3) カラムニストの例は、特にアメリカ西海岸地域の発音の特徴である。この地域では「オ」音が「ア」音に取って代わられつつある。他の例としては、タム（Tom）、ハット（hot）、ダッジ（Dodge）、シャップ（shop）など数が多い。(1) ケチンの表記の理由は不詳である。

　次に、強勢のない（弱アクセント）の短母音の表記を見てみる。(4) の表記は、車夫英語のそれと同じである。（なお、日系アメリカ人がミシンというときには「車」を指す場合もある。）

(B) 強勢のない短母音の表記

【日系式表記】	【英語】	【日本式表記】
(4) （ベンディング）ミシン	machine	ミシン・マシン
(5) ビケーション	vacation	バケーション
(6) ゼネバ	Geneva	ジュネーブ

　(6) の例は、英語の発音記号で表記すると、/dʒəni:və/となり、/i:/の部分が強く発音される（強勢）一方で、二つの/ə/にはアクセントが置かれない（強勢がない、あるいは弱アクセント）。日系式表記では最初の母音が「エ」で後の母音が「ア」で表されている。「ネ」の表記については、(1) のケチン同様、理由がよくわからないタイプである。

　日系人のカタカナ表記にはこの他、ツラック（truck）、カンツリー（country）、ソートレーキ（Salt Lake）など子音の部分に特徴あるものや、ペッパー（pepper）、

カッピー（copy）などの独自の促音表記の例、またさらにトメート（tomato）、ポテート（potato）などのような長音記号を二重母音の後半に代用している例などが見られる。

　以上、日系移民が実生活で用いていたカタカナ表記を幾つか紹介した。日系移民の人々はこのような表現を駆使して異国の地で数え知れないほどの逆境をたくましく乗り越えていったと言えよう。ここで紹介した表記は、ちょうど車夫英語や戦後混乱期のブロークン英語がそうであったように、ある意味で修羅場で生まれたSurvival Englishなのである。使える英語とは教室で学ぶというより、修羅場を経験することにより初めて身につくものなのである。海外経験とは、ある種の修羅場に飛び込むことであり、そうすることにより生命力溢れる言語能力が養えるのだ。出川イングリッシュであれ車夫英語、あるいは日系移民のカタカナ英語は、このことをよく示している実例であると言える。このような出川イングリッシュとその系譜に連なる人々が示してくれているのは、修羅場があれば言葉、表現は後からついてくるということであろう。

　結論として、BICSは、英語学習の世界の万有引力の法則には従っていないのである。またこれが、Survival English程度の英語を教室内で教えようとする授業によく見られる幼稚さの正体でもある。

6　文学の舞台となった土地に立ってみること

〔長柄裕美〕

　イギリス小説を読むとき、地図を手元に、地名を確認しながら物語を辿れば楽しみは倍増する。自分が訪れたことのある地名であればなおさらだ。一方、自分が思い描く物語の風景に確信が持てないとき、それを確認するためだけに、舞台となった土地を訪ねることがある。現地に立って、風や光や臭いを感じながら、作家の描こうとした世界に共振すべく心をチューニングする興奮は何ものにも替えがたい。想像していた景色を上書きするように、人々の活き活きとした表情や町のざわめきが立ち上がってくるのはそんな瞬間だ。

　文学の楽しみは、あくまで文字情報から生じる純粋な想像力によるべきだという考え方もあるだろう。しかし、ときにそれだけでは作品の醍醐味を味わい尽くせないこともある。日本に生まれ、5歳で家族と渡英、以後イギリスで教育を受けイギリス国籍を取得したカズオ・イシグロ（1954－）という作家がいる。彼を一流の作家として広く認知させた作品『日の名残り』（1989）は、1956年、イギリスがかつての覇権を喪失したことが明確となった時代のイングランドを舞台に、過去の遺物ともいえる一人の「執事」が語る回想物語である。長年信じ仕えてきた主人は没落し、いまやアメリカ人の主人に雇われるスティーヴンスは、己の信じる道を貫いてきた執事人生にささやかな誇りを抱くものの、その陰で人生の大切な宝物を犠牲にしてしまったという後悔に苛まれている。「失った宝石」の最たるものとして、かつての同僚、女中頭のミス・ケントンとの恋愛があり、老年に差し掛かった年齢ながら、再会を求めて彼女が暮らすイングランド南西部へ、およそ1週間の車の旅に出る。語りはこの旅の道中に彼が思い巡らす過去の回想からなっている。

　タイトルに据えられた「日の名残り」とは、一日の夕刻を表すと同時に、スティーヴンス個人の人生の老年時代を、さらに大英帝国の斜陽をも意味している。残りわずかな時間を見据えながら、失われた過去の栄光を惜しむ気持ちを幾重にも表

第 3 部　インターローカルな思考のススメ　　129

写真 1　イギリス的風景の一例

現した見事なタイトルである。この物語のロケーションとして、オックスフォード州からコーンウォール州への道程が選ばれたことには、間違いなく作家の意図があるだろう。それが、時代を経ても変わらぬイギリスらしい風景を典型的に残す地域の一つだからだ（写真 1）。時代遅れの執事スティーヴンスの語りに、この風景を重ねて感じることができるかどうかは、作品理解の奥行きを大きく左右する。スティーヴンスは、旅の一日目に丘の上から眺めた「それはそれはすばらしい田園風景」を次のように描写している。

　　私が見たものは、なだらかに起伏しながら、どこまでもつづいている草地と畑でした。大地はゆるく上がっては下り、畑は生垣や立ち木で縁どられておりました。遠くの草地に点々と見えたものは、あれは羊だったのだと存じます。右手のはるかかなた、ほとんど地平線のあたりには、教会の四角い塔が立っていたような気がいたします[1]。

そしてその夜ひとり静かに想起するのは、当地の観光名所ではなく、この一見何気ない風景であり、「今朝のように、イギリスの風景がその最良の装いで立ち現われてくるとき、そこには、外国の風景が――たとえ表面的にどれほどドラマチックであろうとも――決してもちえない品格がある」（p.28）と語る。スティーヴンスにとってこの「品格 dignity」とは「偉大さ greatness」と同義であり、

（1）Kazuo Ishiguro, *The Remains of the Day*（Faber & Faber, 1989）p. 26. 日本語訳は、カズオ・イシグロ『日の名残り』土屋政雄訳による。以下ページ数は本文中に記す。

国土の呼称「グレートブリテン」に通じるものだと言う。彼は、風景に譬えつつ「偉大さ」の定義を次のように語る。

　‥‥あえて当て推量をお許しいただくなら、私は、表面的なドラマやアクションのなさが、わが国の美しさを一味も二味も違うものにしているのだと思います。問題は、美しさのもつ落着きであり、慎ましさではありますまいか。イギリスの国土は、自分の美しさと偉大さをよく知っていて、大声で叫ぶ必要を認めません。これに比べ、アフリカやアメリカで見られる風景というものは、疑いもなく心を躍らせはいたしますが、その騒がしいほど声高な主張のため、見る者には、いささか劣るという感じを抱かせるのだと存じます。(p.29)

　この後、スティーヴンスは「偉大な執事とは何か」というテーマへと話題を転じ、その系列に連なる者としての矜持を遠巻きに仄めかすこととなるが、風景の認識に表れる彼独特のバイアスは、偉大な執事に関する認識のそれに呼応するものであり、読む者の心に皮肉な効果を生じさせる。

　この物語において、語り手スティーヴンスを支える執事としての誇りは、旅の途中に出会う風景の「ドラマやアクションのなさ」や「落着き」、「慎ましさ」に通じる「品格」によって保障されるものであり、風景は彼の信じる職業的理想のアレゴリーとして機能している。この地味で微妙な風景の味わいを実感できることが、物語の理解を背後から支える大切な要素なのだ。

　以前、卒業研究としてこの作品に取り組む学生を指導した経験がある。スティーヴンスの執事としての誇りと挫折感、人生への後悔を、イギリスという国の斜陽と関連付けながら論じることのできる優秀な彼女に、私はさらに「風景」のもつ意味を考察するようアドバイスした。丹念に作品を読み直した彼女が、翌週のゼミで「風景について、とりたてて引用したい具体的な描写は見つかりませんでした」と報告したときの驚きは忘れられない。「そんなはずはないでしょう」と言いながら作品を再読した私は、自分が文字に表現された以上の具体的イメージを心に思い描きながら読んでいたことに気づかされた。それは、知らず知らずのうちに、私自身が親しんできたイギリスの――しかもロンドンから南西部へ向かう道程の――風景を、スティーヴンスの語りの背景に読み取っていたことを意味していた。指導学生に渡英経験はなく、イギリス的風景といっても漠然としたイメー

ジしか浮かばないという。その後、現地で撮った写真などを用いて風景の味わいを伝えようと努めたものの、実感として彼女を納得させることはできず、歯がゆい思いが残った。

　物語を理解するのに、必ずしも現地に立つ必要はないかもしれない。事実、スティーヴンスの言及する風景には、観光案内書のように型にはまったイギリスらしさが強調されており、それを執事というイギリス文化の古典的ステレオタイプと重ね合わせようとした作家の意図は明白だろう。しかし、各地に点在するイギリス的風景のなかで、南西部への道が選ばれた理由は何だろう。それは、穏やかな丘陵地帯に始まり、進むにつれて野趣溢れる自然の厳しさを覗かせるこの道程に、「声高な主張」はしないが存在感のある手つかずのイングランドが、より鮮明に残っているからではないか。そして、南西部への旅という設定が無言のうちに読者に思い描かせるこの心象が、語りの背景に想定されているのではないだろうか。これは、イシグロが処女作『遠い山なみの光』(1982)において、戦後長崎を舞台にしたときの効果と同様だ。言及は少なくとも、誰もがそこに原爆の陰を感じ取りつつ読み進めるはずであり、その圧倒的なニュアンスが作品理解に重要な役割を果たすのである。

　スティーヴンスの車の旅は、実在と架空の地名を混在させつつ、着実に目的地へと進んで行く。最終的に彼がミス・ケントン（結婚してミセス・ベンだが、彼は敢えて旧姓で呼ぶ）との再会を果たすのは、南西イングランドの末端に近い「リトル・コンプトン」という町である。数年前、私はこの土地を探し当てるべく、ロンドンから南西へ、スティーヴンスの辿った道を車で辿り直す旅をした。先の引用に描かれたソールズベリーから、ドーセット州へ、さらにサマセット州のトーントン、そしてデボン州のタビストックを経て、コーンウォール州へ。スティーヴンスは、旅の四日目の午後、ペンザンス近郊にある「リトル・コンプトン」の「ローズガーデン・ホテル」でミス・ケントンと再会することになっているが、どんなに詳細な地図を調べても、私はこの地名を見つけることができなかった。やはりこれも架空の土地の一つなのか、あるいは地図に載らないほど小さな村なのか。インターネットで検索すると、同じようなルートを経て「リトル・コンプトン」へ辿り着いたというあるイギリス人読者の報告に行き当たった。私はこの報告のざっくりとした地図を頼りに計画を立て直した。そして、ペンザンスの東、

州都トゥルーローから南方向へ、車幅いっぱいのうねるような狭路を抜け、フェリーで5分ほどの小さな運河を渡って、ついに目印の地フィリーに辿り着いた。人けのないこの小さな村でまず見つけたのは、「ローズガーデン・ホテル」ならぬ「ローズランド・イン」という素朴なローカルパブだった(写真2)。お茶で一息ついた後でカウンターの女性に尋ねたところ、そのあたりにリトル・コンプトンという地名はないとの返事。もはやこれまでか、と思いつつも諦めきれず周囲の散策をすると、牛糞の臭い立ち込める村はずれに、ついに「リトル・コンプトン」という屋号の一軒家を見つけたのだ(写真3、4)。結局発見したのは地名ではなく屋号だったわけだが、言葉にならない達成感に満たされつつ、私は夢中でシャッターを切った。かつてはゲストハウスだったようだが、"For Sale"の看板が立ち、売りに出されていた。これほどの田舎に宿泊するホリデイ客はいるのかと思いながら偶然出会った年配のカップルに尋ねると、自然豊かなこの辺り一帯はローズランド

写真2　ローズランド・イン

写真3　リトル・コンプトン

写真4　リトル・コンプトン(屋号)

と呼ばれ、トレッキングやフィッシングに適したリゾート地だとのこと。見れば彼らもいくつもの散策ルートを記した地図を片手に、トレッキングの最中だった。まさしく、声高に主張することのない、ディープでひそやかな、知る人ぞ知るイギリス的風景ではないか。

自己満足の旅と呼ぶしかない旅のゴールに立ちながら、私は、この土地を訪れていたであろう作家イシグロの姿を想像していた。リトル・コンプトンという町は架空のものだったのかもしれない。しかし、その屋号とローズランドの風景は、彼になんらかのインスピレーションを与えたに違いない。

　ミス・ケントンとの復縁の夢破れたスティーヴンスは、二日間の完全な沈黙の末、帰途、ウェイマスという実在の港町に立ち寄る。人生に対する深い後悔のなかで、見知らぬ人を相手に思わず涙をこぼすスティーヴンスの気持ちを思いながら、私は港に突き出した桟橋に立った。リトル・コンプトンでの再会から二日を経て、彼はどんな思いでこの港町に車を走らせたのだろう。桟橋から町の灯りがぽつぽつと灯るのを眺めながら、どんな風景が心をよぎっていたのだろう。そして、この夕刻の港を物語の最後に据えたイシグロの意図はなんだろう……。

　こうしてスティーヴンスの旅の道程を改めて辿り直したとき、彼の物語は私の中で、より一層立体的で実体を持つものとしてイメージされるようになった。車の道筋をなぞりつつ、彼の視線で道中の風景を眺めようと意識したとき、車中での彼の息遣いすら聞こえるような気持ちになった。執事の鎧を脱ぎ捨て、ときに鼻歌でも歌いながら、それでも初めての旅に少し緊張しながら、お屋敷では決して見せない素顔を覗かせていたことだろう。目的地でのミス・ケントンとの再会に心踊らせつつも、その日が近づくにつれて不安で胸が押しつぶされそうになったことだろう。文字には表れない彼の心の機微や表情の変化が、実在の人として生々しく浮かび上がってきたのである。

　小説の舞台となった土地を訪ね、そこに身を置いてみることの意義とは、例えばこのようなものではないだろうか。読者がその土地で実感するすべての感覚が、小説のテクストを理解するための、目に見えないコンテクストとして機能するのである。多くの海外文学ファンには、作家ゆかりの土地や、物語の舞台となった土地へ、是非足を運んでほしい。そこに立って初めて経験できる感覚があるはずだ。そしてそのとき、作品のメッセージは、さらに深くあなたの心に届くはずだと信じている。

7 訪れた土地の人が何を食べているかを知るために

〔茨木 透〕

(1) はじめに

よその土地に出かけたとき、あなたはどんなものを食べますか、食べたいですか？ 以下の4つの中から選んで下さい。

①できるだけ食べたことのない珍しいものを探して食べる。食べたい。
②普段の食事にできるだけ近いものを食べる。食べたい。
③その土地の人が食べているものを食べる。食べたい。
④何でもいいからあるものを食べる。

①を選んだ人は食文化に関心のある人で、④は食文化に関心のない人、のように見えるかもしれない。けれども、①よりも④の方がその土地の食文化の理解にはむしろ向いている。たとえば、オーストラリアでカンガルーのステーキを食べるのは①。山陰名物の松葉ガニも①。どちらも地元の人はめったに食べない、(高価なので) 食べられない。それにたいして、無関心からそこに「あるものを食べ」ることは、結果的にはその土地の人が日々食べているものを食べることにつながる。ただのエキゾティズム的理解ではなく、土地の人びとの生活を「食」を通して理解してほしい。

また、②を選んだ人は、食べたことのないものを食べるのは嫌だ、という人なのだろう。よその土地の食文化を理解するのは無理のように一見みえる。目的が「その土地を知る」のでなければ、普段と変わらないものを食べるほうがいいという考えもある。スポーツ選手にもたくさんいて、たとえば、テニスの伊達公子選手は海外ツアーにも炊飯器を持参していたらしい。でも、普通はそこまではなかなかできない。となると、普段と変わらない「日本食」を訪れた町で探すことになるが、本格的な日本料理店は居酒屋タイプをのぞいてかなり高くつくのが普

通だ。そこで、お米ならOKという人は、その土地の米料理を探してみるのがいい。もうひとつのお勧めはsushi。パックsushiを買ってみたり、回転sushi店があったらそこで食べてもかまわない。食べ慣れた地元のおすしと出かけた土地のsushiと、どこがどう違うのかをじっくりと味わってみることからでも比較＝理解は始められる。

とはいえ、やはりその土地の食文化を知るためには、③のように「そこの人が食べているものを食べる」のが早道。そして、一番の理想をいえばその土地の人が家で毎日食べているものを食べさせてもらうことだ。その中には家族以外の人には絶対に出さない（恥ずかしい）食べ物もあるはずだ。でも、そんな関係ができるまでには相当の時間がかかる。短期の旅行でも簡単にできる食文化を知るための外食と買い物について、以下で述べてみたい。

（2）レストランに行く

レストラン事情は、アメリカやヨーロッパとそれ以外の所では大きく違う。

欧米ではファストフード以外のレストランでかかる費用は日本と比べてもかなり高めだ。だから予算によほど余裕がない限り、三食すべてレストランで食事をするのはむつかしいだろう。地元の人でもファストフードやテイクアウトに頼るのが、よほどお金持ちでない限り普通だ。

もし泊まったホテルで朝食のサービスがあったら、それを利用するのもいいだろう。日本旅館の朝食が日本の典型的な朝ごはんだとすれば、欧米のホテルのブレックファストもその土地の典型だとは考えられないだろうか。

一方、アジアの都市では、高級レストランから庶民のための安い屋台まで、チョイスの幅はとても広く、食べるところは町中にひしめきあっているという感じだ。そんな中で、どこを選ぶのがいいかといえば、あなたの日々の生活でよく行くレベルの店を選ぶのが一番だ。もちろん、予算が許すなら少し高級な店にも一度は行ってみたい。ガイドブックにのっているレストランの案内や名物料理のコラムを頼りに、地元の有名店を訪れてもいい。「食べログ」のようなネットの情報を見て、口コミからお気に入りをみつけるのもいい。

現地の味に疲れたら、よく知っているファストフード店に行ってみるのもおもしろい。今の時代、アフリカのほとんどの国をのぞけば、ほぼ世界中にマクドナ

ルドは店を出している。よその土地に行ってハンバーガーなんて、と思うかもしれない。ところが「てりやきバーガー」にみられるように、それぞれの国ごとに違いはある。ファストフードのほんの少しの違いこそわかりやすく、食文化の比較の出発点となる[1]。

しかし、都市を離れ観光地でもない土地に行く場合には、外食ができる店があるかどうかがまず問題となる。小さな町だと駅前ですら食べるところはどこにもないというのは日本でも珍しくはない。また、たとえ店はあっても、営業しているかどうかはわからない。なかでもとくにイスラム圏では、「ラマダン」と呼ばれる断食の月の1ヶ月間は、日の出から日の入りまで何も口にしてはならないとされる。だから、昼間に営業をしている店は外国人向けのホテル内のレストラン以外ほとんどなく、なかなか食べられない、ありつけない。でも、食べないことや食べられないことも、その土地の食文化のひとつだと思えば、それはそれで貴重な体験だ。

ちなみに、かつて私はたまたまラマダン月に北アフリカのアルジェリアの地方の町に滞在したことがある。昼間に営業しているレストランはなく、しかたなく食べ物を買ってホテルの部屋まで持ち帰って、まるで隠れるように食べていたことを思い出した。

レストランよりも手軽なのが、屋台のお店。日本では規制でほぼなくなってしまった屋台だが、とくに東南アジアなど暑い地域ではまだまだ屋台は元気で、早朝から深夜までやっている店も多い。屋台のいいところは、価格の面だけではなく、メニューが限られているので注文が簡単なところ。量もそれほど多くなく、いろいろ試すこともできる。また、お店の人や地元のお客

写真1　食料品店(左)と精肉店(右)(アルジェリア・タマンラセット、2008年)

---

(1) J・ワトソン編(2003)『マクドナルドはグローバルか――東アジアのファーストフード』新曜社、が参考になる。

さんとの距離が近いことも、食文化の理解にはもってこい。隣のテーブルの人たちが誰と何をどんな風に食べているか、ここでならゆっくり観察できる。

　食べるときの隣の人との距離といえば、一番接近するのが飛行機の機内での食事。以前、隣の席のヨーロッパの人の食べ方に感心したことがある。夕食として出るエコノミークラスの機内食だと、オードブルにメインディッシュ、サラダ、デザートそれにパンなどが、すべて1枚のトレイにきちきちにのせてサービスされる。それを、隣の彼はいつもの順番どおり、まずオードブルにとりかかってそれだけをもくもくと食べ、終わるとその皿をトレイのすみに片付ける。つぎにメインディッシュを横にあるサラダには目もくれずたいらげ、同じように皿を片づける。そしておもむろに最後にサラダへと進んでいったのだった。「ばっかり食べ」が当たり前の人たちもいるのだということを思い知らされた。

　もう一つのその土地の食の代表は、大学の学食かもしれない。「高等教育視察」を兼ねて、現役の学生はもちろん元学生の人も学食を利用しない手はない。何よりも財布にやさしいし、たいていは栄養のことも考えてある。学食のシステムにはカフェテリア・スタイルとセットメニュー・スタイルとがあるが、まずはセットメニューから試してみるのがいいだろう。どういう内容でどれぐらいの量の食事がどのような環境で学生に提供されているか、学食に行って食べてみればすぐにわかる。これを、日ごろ利用しているあなたの大学の学食と比べれば、まさにインターローカルな食文化の比較だ。

　エスニックな食べ物にも注目してみよう。移民が多く暮らしているアメリカやヨーロッパの大都市には、チャイナタウンやコリアンタウンのような移民が集まって住む地域があり、そこでは本格的なエスニック・レストランからファストフード店まで店がたくさんある。その一部は、移民たちだけではなくその土地の人びとの誰もが好む料理となってきた。日本にも入っているピザもベーグルもタコスも、最近でいえばドネル・ケバブもすべて移民がもたらしたものだ。日本でいえば、焼肉はまちがいなく日本の食文化の一部になっている。アフリカにおいてですら、旧仏領地域だとフランスパンはかなりの田舎の町でも売られているし、ベトナム系の人が行商している揚げ春巻は、そのままベトナム語で「ネム」と呼ばれ、手軽に買えるスナックのひとつだ。グローバルな時代、土地の伝統食だけを食べて生活しているわけではないのは世界中どこでも同じなのだ。

（3）買い物をする

　様々な食料品店が並ぶ商店街は日本では少なくなってしまったが、海外では大きな町だとひとつやふたつはたくさんの食料品店が集る市場があってもおかしくない。市場の楽しさは、対面販売なところだ。もちろん言葉の壁もあるだろうけれど、市場ですることはものを買うことだけ。だから、身ぶり手ぶりでもなんとかなる。値切ってみたりするのも楽しい。それと、一般に市場の専門店の方がスーパーよりも珍しいものが揃っている。見たこともない初めてのものでも野菜や果物なら試しても平気。口にしたことのない種類の肉などはハードルが少し高いけれど、見るだけならきっと大丈夫だろう。

　お店のディスプレーを観察するのも面白い。肉屋さんの店頭に飾ってある豚の頭には軽いショックを受けるだろう。その時はマグロの解体ショーを始めて見た時を思い出せばいい。生きた鶏をそのまま売っているのも珍しくない。また、南欧のお店、とくに果物屋さんや花屋さんの商品の並べ方は、真似ができないぐらい美しい。

　スーパーやコンビニにも行ってみよう。ここだと言葉の問題はほとんどなく、商品をカゴに入れてレジに並んで表示された金額を払えばおしまい。あとはレジ袋に入れて持って帰るだけ。日本で買い物をするのと同じだ。ただ留学と違って短期の旅行ではキッチンがないのが難点。生鮮品を買っても料理はできない。でも、手をかけなくてもいいものもいろいろある。特にお菓子やスナックそれにドリンクは、スーパーやコンビニが便利。

　外食に疲れてきたら「おかずコーナー＝デリカテッセン＝デリ」も有難い。庶民のスーパーにはレストランでは出されない土地の「家庭の味」が並んでいるかもしれない。また、もしお湯が沸かせるなら、今まで見たこともないレトルトやインスタント食品も試してみたい。それと、洗っただけで食べられる野菜は、旅行中不足しがちなビタミン補給にもなる。フルーツも忘れずに。食べるものを買って帰って、たまにはホテルの部屋でくつろごう。

　参考になるかもしれないのでつけ加えると、私は旅行にでかける時には、よく切れるペティナイフを忘れず持っていくようにしている。買ってきた野菜を切ったり果物を剥いたりするためだ。ただ、刃物は必ずチェックインで預けるカバンの方に入れるということには注意しておきたい。機内持込の手荷物の中にナイフ

が入っていると、搭乗時のセキュリティー・チェックに確実にひっかかってしまう。面倒なことになるのはなるべく避けたい。

(4) おわりに

　インターローカルといっても、今住んでいるところにも様々な人が暮らしていて、ローカルそのものもよくわからない。世界のどこにでも、お金持ちもいれば貧しい人もいて、その生活はきっと千差万別なはずだ。だから、よその土地に行って比較ができる＝知ることができるのは、その社会で自分と同じ程度の生活をしている人が何を食べているかということだけだろう。いきなり慣れないグルメな旅行をしてみたり、話の種にはなるような変わったものを食べてみてもしかたがない。高級料理や名物料理ももちろん「食文化」であることには違いないとしても、地元の人でもごくまれにしか口にしないものだ。それよりも、訪れた土地の食文化を知るには、行ったところで足と眼を使って人びとが食べているものを注意深く観察し、できるならば口を使って実際に食べてみるのが出発点だと思う。

　最後に、さらに上級編に進みたい人には、まず辺見庸の書いた『もの食う人びと』[2]を読んでみることを薦めたい。「講談社ノンフィクション賞」を受賞したこのエッセイからは、食べることを通しただけでもこんなに世界が違って見えると、きっと大きな衝撃を受けるはずだ。

(2) 辺見 庸（1997）『もの食う人びと』角川文庫。

8 海外に展開する企業

〔馬場 芳〕

(1) 国境を越える企業

　人口減少社会に突入した日本では国内市場も比例して縮小することが危惧されており、ローカルな企業はその隘路を打破するために国境を越えた展開を模索する。しかしながら国境を越える企業と、活動拠点を一つの国に限定せず複数の国に拠点を置いて世界的に活動する多国籍企業とは異なる。国境を越えて事業活動を行う企業は、さまざまな国で非常に幅広い分野において取引を行い、それぞれの文化に適応しながら多角的複合体と変化していく。国境を越える企業の特徴としては、展開をする現地の消費者へ向けて画一な価格・品質の商品やサービスを提供しようとするものであるが、通常は本国の本社からの指令のもとに資金の配分や、原材料として何を購入すればよいのかということが決められる。しかしそこには課題がある。何より資金調達や管理コストの問題、支店や工場の情報がタイムリーに本国の本社に提供されないこと、各国の法規制や商慣習の違いなどである。複数の国や地域にまたがって経営資源が移動するにあたり、結局は、規模の大きな企業が現地支店や加盟店を集約化するという展開になってしまう。
　しかし企業は、それぞれ規模や主力製品、歴史が異なり、有名な経営者の自伝や手法を真似ても、概してその通りに再現できるものではない。ローカルな企業が国境を越えた展開を実現するためにプロセスはどのように描くことができるのかをみてみよう。

(2) ローカルな商品の海外展開

　商品が域内だけでなく、国境を越えて流通する場合がある。ローカルな企業が海外展開をする場合、地元の自治体や協議会がもつプラットフォームなどから進出先が絞られる。「輸出」をともなうことになるので、その企業は他方面との連携、産業振興機構やビジネスサポートセンターなどのサポートを活用することが多く

なる。

　ところで、地域の特徴を活かしてつくりだされる商品というのは、地場の資本規模も小さく、販売エリアも限定され、イノベーションの度合も大きくない。もちろん大量に生産することは不可能である。定期的な国外流通も見込めないかもしれない。しかしローカルという特徴を生かしてユニークなアイデア商品をうみだし、展開した現地における消費者を限定し、販売方法も一工夫をして成長していく企業もある。アイデア商品が国境を越える時、価格設定もより高くなってしまうが、いたってシンプルな戦略を用いるなど、その経営手法には必ずといっていいほどマニュアルはない。以下に、鳥取県の二つの企業の事例を紹介する。

（3）ユニーク商品による地域活性化を通じて海外へ

　最初に、全国の市場に向けて今までにない商品を展開し、その後、全国での反響の大きさから鳥取でも認知されるようなった企業を紹介しよう。ブリリアントアソシエイツ株式会社は海外展開も企画しているベンチャー企業であり、2004年創業した。資本金は300万円で従業員数は22名（男7名、女15名）、業種はサービス業（飲食・観光）と食品加工業である。食品加工業は生産を外部の工場に委託するファブレス生産により経営資源を企画開発に集中している。主力製品は、新入社員が苗から育てるビーツを用いたピンクカレーとピンク醤油である。同社は福嶋登美子代表取締役社長が2004年にホテルニューオータニ鳥取内に美容サロン「サロン・ド・アルーア」を開業したのがはじまりであり、その後、鳥取市賀露港の海鮮市場かろいち内にある料亭・賀露幸を任された。このような活躍から2009年には第17回中国地域ニュービジネス大賞特別賞を受賞することとなった。

　その授賞式で出会ったデザイナーに「ピンクのイメージである」と言われたことから、同社10周年を記念したピンク製品を誕生させることとなった。そもそもこの商品の誕生には、とっとり山の手物語に始まるまんがで盛り上げる鳥取市の中心市街地活性化計画が根底にあった。2011年に鳥取県庁東側の山の手地区の古民家を改造して和風カフェギャラリー大榎庵を開業し、シャトルバス「貴婦人号」の運行をはじめた。華貴婦人と称した四姉妹のイラストにピンクのパッケージを特徴とした女性向けの商品・サービスの取り扱いを発端に、10周年を記念して発売されたピンクのカレーの爆発的人気、そしてピンクの醤油を考案した。

これらの商品は少量ずつではあるが、中国やロシアからのバイヤー（グロッサリーや日本製品取り扱い業などの仕入れ担当者）が鳥取市の大榎庵で直接買い付けをして、試験輸送を実施している。同社の広告宣伝マンは全国に散らばるユーチューバーである。これらのピンクの食品に対してまず鳥取県外で反応が起こり、その後、鳥取で知られるようになった。韓国やタイからの観光客もツアーの一環として大榎庵でピンクカレーを食べ、福嶋社長自身が注文すると言われている豪華な衣装を着て写真を撮るということが定番になりつつある。

写真1　パリ・ノール・ヴィルパント展示会場での様子（2015年）

さらに同社は鳥取県と自治体国際化協会との海外展示会などに積極的に出品し、海外レストランでの取り扱いなども開始した。2015年7月のパリを皮切りに、台湾、クアラルンプール、タイ、香港といったところで、展示会や商談会を行っており（写真1）、現地の女性バイヤーの目にとまったことをきっかけに、商社を通じて主に和食レストランに商品が卸されている。台湾では大型ショッピングセンターである微風広場で出品し、またクアラルンプールのヒルト

写真2　ヒルトン・クアラルンプールでのピンク醤油を用いた料理（2015年）

ンの料理長にお墨付きをしてもらうなど高い評価を得ている（写真2）。今後はパリ、タイ、ロサンゼルスへの展開も企画している。福嶋社長自らが海外展開へ向けて奔走する毎日である。県の海外調査部や市場開拓局といった部署をはじめ、産業振興機構やビジネスサポートセンターとの打ち合わせを行い、さらにさまざまな出版社や雑誌のインタビューをこなす。

商品の販売は和風カフェ大榎庵とネット販売のみであったが、2016年10月に直営店第一号を鳥取大丸にオープンさせた。経験と勘を活かして福嶋社長自らレイアウトに取り組み、化粧品売り場のような商品パッケージを強調し、フロアのど

こからでもピンクの"HANAKIFUJIN"のロゴが目に入る外装となっている。新商品はピンクコーヒーであるが、これまで数々の特許も社長名義で取得し、まさにさまざまな人を巻き込みながら、今までにない発想で新たな商品を次々とつくりだす。

「少しずつやってみたことにより結果が出た。機能性をもっているものよりも、消費者が口に入れるものは分かりやすい。海外の客達は、店舗前で「和食、知っている」と得意そうに言う。とにかく、鳥取に来てピンクのカレーを食べて、貴婦人のような優雅なひと時を味わって元気になってもらえれば！」と福嶋社長は語る。今のところ土産品としての需要が大半だが、とにかく話題でもって、鳥取地域の観光業や活性化にも繋げたいという目標がある企業である。

(4) 地方の農業課題からビジネスチャンスを！

次に、農家の高齢化などから余剰となってきた国内の中古農業機械を海外のマーケットで販売展開をする企業の例を紹介しよう。鳥取市の郊外の農村地域（旧河原町）にある株式会社旺方トレーディングは、2000年に創業した。資本金は1,000万円で従業員数53名、農業機械器具卸売業・サービス業を営む国内屈指のベンチャー企業である。主な事業内容は、中古のトラクター、耕運機、コンバイン、田植機などを全国より買取して、海外向けサイト"USED FARM MACHINE. COM"を通じて輸出することである（写真3）。取引相手国数は87にのぼり（図1）、商社としての機能もあわせもつためこの会社の買い取り価格で相場が決められているほどである。全国から買い取られた小型の日本製農業機械が所狭しと陳列された社内では現地の取引時間にあわせて社員が交替で取引を行い、スカイプをコミュニケーション・ツールとして6カ国語が飛び交う。

写真3　マケドニア・ネゴティノ市へ輸出した農業機械（2014年）

図1　地域別売上げ割合（2014年。同社内部資料より作成）

鳥取県内企業の社長の中で最も若い幸田伸一代表取締役は、21歳の時に起業を思い立った。当時、鳥取大学のエジプト人留学生との出会いを機に海外販売を決意し、2年目に海外輸出を開始した。ちょうど当時はバイク王やガリバーなどの中古車市場のブームが生じつつあり、幸田社長は耐久性や修理のし易さや低価格を特徴とした品質の良い日本製の農業機械が売れないわけがないと確信をもった。それまで大阪で会社勤めをしながら鳥取にある実家の農業について思いを馳せていたが、いざ同社を立ち上げるにあたり知人の休眠会社を引き受けた後は苦労の連続であった。会社の再起動から輸出へ向けての書類作成にいたるまで手探りですすめ、中古の小型農業機械輸出の先駆けとなる会社に育てた。「試行錯誤もしたし、遠回りもした」と幸田社長は言う。

　同社の特徴は、鳥取発の中古農業機械販売の会社を大きくするために、鳥取という限定された市場ではなく、海外の市場に目を向けた点にある。同社の販売比率は海外6に対して国内4の割合であり、取引先実績は252社、出荷トラクター台数は年間3,720ユニット、年間リピート率89.3％にもおよぶ好業績をあげている。国内では年間数回しか使われず役目を終えた20年から30年前の機械でも十分に使用に耐えうるものであり、コンピューターなどが使用されていない至ってシンプルなつくりのため海外でも部品が調達しやすいことが人気の理由である。

　幸田社長には、農村を訪れる人が増えてほしいという想いから、鳥取という地域での田植え体験や、さらに観光業にも広げたいという構想がある。自身の経験から次のように幸田社長は言う。

　「後に続く若い経営者には、苦労はしてほしくない。分からなければ聞いてほしい。自分は社員のために24時間を使っている。社員には極力話しかけるようにし、悩みは率先して聞いている。社員の家族とも会って話すこともある。社員とのコミュニケーションは社長の大事な仕事である。」

　かつての昭和の気風を感じさせる経営者の考え方である。

（5）これから海外へ出るには―事例からみえるもの―

　国内市場が縮小していくなか海外に展開しようとするローカルな企業は増えつつある。海外に展開しようとする企業に対しては、海外戦略についての専門家の派遣や、県の指導・サポート、商談会、物産展への出展などの支援制度が充実を

してきている。ローカルな企業が海外に展開をするためにはこれら支援の情報を機敏に察知し、いかに活用するかが重要である。

しかし、まず自分がどのようにしたいのかを考える必要がある。自社製品を海外に販売したい、海外事業部で働きたい、ビジネスに先立ち語学を学びたいなど、まずその課題に優先順位をつけてこなすようにする。地方のような市場の小さい地域だからこそそこでスタートアップをするメリットがある。また地方にありながら海外に進出するというチャレンジ精神も重要である。もちろん地方から全国、全国から海外に出ていくといった機会はいくらでも準備されている。

先に紹介した事例のように、まず全国で販売されてから地元で注目されるようになる、海外での販売に成功してから国内で加盟店募集を進めていく、といった戦略はそれぞれ独自のものである。ブリリアントアソシエイツのように規模が小さくとも話題性でもって海外販売を行うこともあれば、旺方トレーディングのように、不要になった小型の農業機械を全国から集めて大きな市場である海外でまず販売することから始めることもある。起業や事業戦略のためのマニュアルはない。他社と同じやり方をしても決してその通りにはいかないのが常である。まず販売先（需要）の見通しをたてなければいけない。その後、仕入れから販売までを自社内に充実させていくようにする。取引先にあわせて商品の良さを提供する、そして取引を行ってみてその状態を検証・修正する、という地道な方法がよいだろう。

それからもう一つ、人材についての課題がある。海外展開をする企業において、今後は現有の人材以外の多様な力が求められる。二つの企業の事例でみたように地元においても、海外においても、信頼を勝ち得てさまざまな機会や希少な出会いをいかに自分のものとすることができるかどうか。海外へ向けても通用するビジネスメールのやりとりに加え、ビジネス的な感覚やバイタリティをもちあわせていることも必要である。いかに相手を信頼して託すのか、または周りを巻き込んでアイデアを出していくのか。一つの地域にこだわってビジネスを展開するには限りがある。前述の企業の例は、ローカルならではの商品の特徴を活かしあえて国境を越えていく展開により、その地域へのさらなる関心を引き起こした好例でもある。

9 過疎への挑戦をベトナムで

〔筒井一伸〕

(1) 3年前、30年前、300年前の日本が同居する

　この言葉は筆者がベトナムに初めて足を踏み入れた90年代終わりにベトナム地域研究者の間で語られていた言葉であり、何度も耳にした。当時のベトナムは「投資の楽園」というキャッチフレーズのもとに、大手企業から中小企業まで日本からの投資が本格化した時期であった。それは1994年のアメリカによる対ベトナム経済制裁の解除がきっかけであり、1986年のドイモイ（刷新）政策の開始から10年が経過し、経済成長が本格化してきた時期とも重なる。

　その時期に言われた「ベトナムには3年前、30年前、300年前の日本が同居する」という言葉。パソコンや携帯電話など最先端の電子機器は3年前、道路や電線といったインフラは高度経済成長時代（30年前）の日本とどこか似ている。また、ベトナムの山間農村では、日本の江戸時代（300年前）の様に、今も物々交換の習慣が残っている。3、30、300という数字はさておき、よくよく見ると様々な時代の日本とも通じる社会や文化がそこには見え隠れする。時間差こそあれ、ベトナムも日本もローカルという視点で見ると、同じようなことが起こっていることを意識するきっかけをくれた言葉であった。

(2) ベトナムにおける"過疎"の発現

　高度経済成長時代以降の日本の農山村を特徴づける言葉の一つが"過疎"である。ベトナムでも農村開発は進められているが、一方で農村から都市へ人がたくさん出ていっている。市場経済化が始まって30年を迎えた今日のベトナムでは、ホーチミン市やハノイ市などが牽引する高い経済成長に注目が集まる。その成長要因の一つとして、農村から供給される豊富な若年労働力が挙げられる。しかし近年、ベトナム農村において若年層の人口流出と、それによる集落の高齢化に対する不安を耳にするようになってきた。これは、日本の高度経済成長期に端を発する過

疎化の初期状況と似ている。ここでは、トゥアティエンフエ省の農村を例にその実態をみてみよう。

　トゥアティエンフエ省はベトナム中部に位置し、ベトナム最後の王朝グエン朝があった古都フエ市を有する一方で、周辺部には農村が広がる。特に中間地域（丘陵地帯）から山間地域の行政体において、高齢者人口の著しい増加がみられる。15歳未満の若年層の動態では、山間地域だけではなく沿岸地域でも減少傾向がみられる。このような高齢者の増加や若年層の減少がみられる地域で、住民の現状認識を把握するためにアンケート調査を行った。

　調査を行ったのは、臨海地域に位置するクアンディエン県クアンフオック行政村と、山間地域に位置するナムドン県フォンロック行政村である。生活環境、地域経済の状況および地域への関心について調査を実施した。

　その結果、両地域ともに10年前に比べて地域経済の状況は良くなり、今後もコミュニティは生活の場として良くなっていくという期待など、持続的な発展に肯定的である傾向がみられた。また、コミュニティへの愛着も両地域とも高く、不満はそれほど大きくない。その一方で都市への憧れについては違いがみられた。「都市へ行って便利な生活を楽しみたいか」という質問では、臨海地域に位置するクアンフオック行政村では「そう思わない」が一番多かったのに対して、山間地域に位置するフォンロック行政村では「そう思う」が9割近くを占めた。また「子どもや孫にはこのコミュニティに住みつづけてほしいか」という質問でも、クアンフオック行政村では「明確にそう思う」との回答が半数を占めたのに対して、フォンロック行政村では9割近くが無回答であった。調査結果から、①都市へ比較的近い臨海地域の平地農村よりも、遠隔にある山間地域の農村の方が都市への憧れが強い、②これは自らのコミュニティへのマイナスの認識に基づくプッシュ要因ではなく都市からのプル要因が影響していると考えられる、③都市からの情報（特にマイナスイメージ）は遠隔になるほど伝わりにくい、という点が明らかになった。ベトナムにおける過疎は景観として明瞭に表れているわけではないが、都市への憧れや子や孫への居住継続希望の不明瞭さなど、かつて日本において過疎が発現した初期段階に指摘された、地域社会に対する「住民意識の後退」傾向がみられ始めている。ベトナム政府は、「新農村政策」により農村地域の産業基盤や生活基盤の刷新を急速に進めつつあるが、ハード面だけではなくコミュ

ニティの状況や地域住民の認識などを意識したソフト面の施策についても求められている。

（3）ベトナムで"地域づくり"の仕掛けを創る

このように目にみえないながら、ベトナム農村では"過疎"がまぎれもなく発現している。このような意識レベルで認識される問題、例えば自然環境や地域資源管理、地域に対するアイデンティティに関わる問題などをコミュニティ課題として位置づけ、GISを用いてその"空間的見える化"を試みた。具体的には、ベトナム中部クアンナム省において未利用の地域資源をどのように活用するかを考えるテーマや、子供たちによる地元の河川環境の理解促進を考えるテーマなどのワークショップを開催し、WebGISを構築して、公開、共有をした。ワークショップでは、まず屋内においてテーマに則した事前アンケートで得た情報とメンタルマップを共有し、その結果をもとに屋外においてGPSカメラを用いた情報収集と記録を進めながら実態把握を行った（写真1）。そしてその場でWebGISを構築して地図や空中写真の上の正確な場所に自分たちで記録した写真や情報を提示すると、参加者たちはその成果物（Story Map）やWebGISという技術への関心だけではなく、自分たちの頭の中にある空間認識と実際の地理的な位置とがいかにズレているのかに驚いていた。

実はベトナム農村の人々は地図に慣れていない。そのため、頭の中の地図と正確な地図との位置情報のズレを認識してもらうトレーニングプログラムを事前に行っていたのだが、参加者から「何のためにやっているのかわからない」という反応ももたらされていた。しかし自分たちでWebGISの構築に至ったことで、そのプロセスの重要性に気づいたようであった。

筆者が専門とする日本の農山村における地域づくり研究では、①住民参加を促す"場"をつくること、②その地域

写真1 クアンナム省ソンビエン行政村での屋外ワークショップの様子（2014年）

の生活や資源の価値を住民自らが認識すること、③それらが経済活動に結びついていくこと、の3つが地域づくりの重要な要素であるとされている。経済発展著しいベトナムではとかく経済活動に直結する技術面にのみ関心が集まりがちであり、①と②の要素にはあまり関心が払われてこなかった。このプロジェクトにおいても開始当初は研究者、行政、住民を問わずベトナム人の目にはWebGISという技術導入が目的であると認識されてきた。しかしトレーニングプログラムの開発など遠回りのプロセスを経て、技術導入の先にあるもの、つまり住民自らが地図やGISを用いて各々のもつ認識や情報を共有する、言い換えれば地域を見つめなおすツールとしての意義に気付いてもらえた。この活動に参加した若手の行政職員から地域の未来に対して、自分たちがどのようなことができるのか自分たちで考えていってみたいという積極的な意見を聞くことができ、このプロジェクトからベトナムにおける住民参加型地域づくりが花開いてくれることに期待が持てる活動であった。

（4）地域づくりへの経験と知の往還

　筆者の専門は、日本の農村の過疎問題研究や地域づくり研究であり、ベトナム農村研究ではない。学生時代に過疎問題の発祥の地である島根で学ぶ機会を得た筆者は、そもそも語学にも全くの自信がないこともあり、海外には関心を寄せなかった。ところが大学院に進学してひょんなこと（同じ大学院出身の研究者のかばん持ち）から、ベトナムに進出した日系企業の調査に出向くことになった。日本の農村社会の居心地のよさにどっぷり浸かった筆者にとって、最初に足を踏み入れたベトナムは、正直馴染めなく、まったくいい思い出はなかった。

　そんな中、一日もらった休みで訪れたハノイ近郊の農村でおこなった一人のおじいさんとのコミュニケーションが忘れられない。当時の筆者はベトナム語を解せず、おじいさんも英語を話せない。そこで何気なく漢字を書いて

写真2　ハノイ市近郊の農村での筆談の様子（1999年）

筆談を始めたのである（写真2）。農村のインフラ整備（土建国家時代の日本の過疎対策の主要メニュー）に関心を持っていた筆者が書いた「何年電気開通?」におじいさんは数字で「1962」。この筆談から一気にベトナムと日本との比較を意識するようになった。

　なぜ、おじいさんが漢字を解したのかはわからない。現在のベトナム語はクォッグーというローマ字を使う言語であり、約6割が漢語由来の言葉であるものの、フランス植民地時代にはベトナム漢字のチューノムは一掃されていた。もしかしたら現在も漢字を使う仏教関係の方だったのかもしれない。

　いずれにしてもこの経験と、少し後に聞いた「ベトナムには3年前、30年前、300年前の日本が同居する」という言葉は、メインのテーマではないにしろ筆者がベトナムで研究を始めるきっかけとなった。しかし技術系分野はいざしらず、人文社会系分野はベトナムの調査や研究の成果を日本に持ってくるという一方通行に筆者の目には映った。どうもその研究スタイルが気に食わず、ならば3年先、30年先、300年先にある日本の社会問題の解決方法を成功例、失敗例を問わず輸出してやろうと考えた。あまりに上から目線の乱暴な考えであるが、今となっては間違いではなかったと思えている。

　過疎という日本における現象から何を学び、どのようにベトナムに知見を"輸出"するかを考える。過疎の実態とはきわめてローカルな現象の集合体であり、また地域資源活用という地域づくりに欠かせないこの視点もまたローカルなものである。これら、日本の農村政策や地域づくりでのキーワードが国境を超える上で必要となるのが、インターローカルな思考である。

　今年（2016年）のベトナム国内のある学会でKinh tế Xanh（グリーンエコノミック）がテーマとして掲げられた。これは日本でいうグリーンツーリズムや六次産業化なども含まれるが、このようなテーマをベトナム研究者が立てるようになってきたことは驚きである。ドイモイ以降、開発主義をひた走ってきたベトナム農村に接してきた筆者としては隔世の感を禁じえないと同時に、やはり研究の志向性は間違っていなかったことを改めて確認することができた出来事であった。

インターローカルを語る新たな「知」

1．インターローカルの時代における大学の役割とは

　国家、企業、都市、地域、NPO、市民……あらゆる社会的諸主体が「国際化」や「グローバル化」を強く意識する時代に、大学は、何をすべきだろうか。あるいは、何ができるだろうか。日本の大学がまず取り組むことが多い国際化推進策――例えば、他国の大学に、自大学の学生を留学させる、といった施策を進めることが、大学の国際化やグローバル化の本質であろうか。確かに、そのような試みが行われることによってもたらされる意義はある。しかし、研究・教育機関としての大学の機能を、より俯瞰的に、「知を扱い、知が交わる場所」と定義した場合、学生の留学推進策を第一義とするような国際化推進策には、ときに現代の国際化、あるいはグローバル化の本質が見失われがちであるようにも思える。例えば、現在、国を超えて大学を選ぶことができる時代に入りつつあるなかで、わざわざ自国の大学への入学を経てから、留学する必要性があるだろうか？……と考えて、中学や高校を出た後すぐに、日本の大学を経ずに海外の高校や大学に入学するような学生が、今後増えていくことも十分ありうるだろう。このような可能性に限らず、既存の国を単位とした交流の視点であるインターナショナル（International）を前提とした「国際化」に向けた取り組みは、いま岐路を迎えつつあるのではなかろうか。そうだとすれば私たちは、いかにこれからの国際化やグローバル化を考えていくべきだろうか。本書は、各節を通じて、既存の国際化推進策に対し、「インターローカル」という視点から見出される新たな可能性を示してきた。

2．「知」をめぐるパラダイムシフト

　「インターローカル（Inter-local）」とは、どのような意味だったか、再度、問うてみよう。むろん、辞書的な意味で言えば、それは「地域間のつながり」をさ

す概念ということになる。あるいは、「インターナショナル（Inter-national）」の対概念として、国家という単位による枠組みを前提とした接続ではない、地域間の接続を重視した概念として「インターローカル」を捉えることもできる。いずれにせよ、本書ですでに指摘されていたように、この概念は、教育プログラム・人材育成を中心とした視点において、「身近な国内のローカルな地域（生活空間）と海外のローカルな地域を複眼的に見る視点」（本書7頁）に立脚した思考性を持つことを通じて、身近でローカルな地域を「見つめなおすこと」につながる意義を持っている。

　それらのうえで、インターローカルという概念を、特に「知」の生成・体系化の場という大学の役割をめぐる観点から捉え直すと、そこには、知を取り巻く現代の社会・政治・文化的変化のなかで、この概念が、大学という組織に示唆する新たな有効性があることに気づく。それは、インターローカルへの指向を通じて、大学が、旧来の知の「中心」としての役割像から脱皮し、地域と地域の知の接続による、新たな知の生産や体系化を担っていく可能性である。

　いま大学は、知をめぐる大きなパラダイムシフトの渦中にある。それは、アカデミアが、知の集積や生産の中心となっていった時代から、知があらゆる場で発見され、生産されている時代状況への変化のことである（同じことは、ミュージアムなどの文化施設等についても指摘できる）。

　まず、現代の知をめぐる変化は、私たちが見知らなかった莫大な知を「発見」しつつある、ということによって引き起こされている。「ローカル」な場に存在する多様な知の「発見」は、その典型例である。それらローカルな知には、実践知や現場知、暗黙知など、さまざまな知が含まれる。むろん、それらの「発見」は、コロンブスによるアメリカ大陸「発見」と同様に、本当の意味での発見ではない。ローカルな知というのは、実際には、さまざまな歴史、文化、社会・政治性のなかで、人々によって編まれ、悠然と存在してきた知だからである。すなわち、これまでのアカデミアという「中心」からみた場合の周縁という意における「ローカル」な場における知のことであり、単に私たち大学がこれまで見えなかった、見ようとしなかった知である。いや、より正確に言えば、見せられてこなかった知といっても良いのかもしれない。なぜなら、バックミンスター・フラーが指摘していたように、我々が所属するアカデミアというものは、かつて海を超えて地

球全体を理解し、世界を征服した大海賊たち（そして、それを嗣いだ「王」たち）によって、彼らに役立つ知のみを研究させられてきた側面を持っているからである。しかも、彼らは、自らの利権を奪われないように、知の全体像を見せまいとして、あえて知を分断化（＝細分・専門化）したうえ、彼らの僕たる学者にそれぞれの領域を研究させていた[1]。日本においては、近代的な国民国家を形成する過程において、それら西欧を中心としたアカデミアを外形的に模倣することで、大学等の諸制度を形成してきた。いずれにせよ、そのような企みや、その残滓の制度下にこそ、大学をはじめとするアカデミアは存立してきたのである。ゆえに、私たちが前提とする知というのは、固定された望遠鏡を覗かされてきたかのごとく、遠くを見通しているようで、社会の全体像のうちの一部、しかも専門領域の部分しか見えない、限定されたものであった。そのような知のかけらしか見ることが叶わなかった私たちは、いま、これまでアカデミアなどが前提としてきた知以・外・の圧倒的な知に、「出会ってしまっている」のである。

　知をめぐる大きなパラダイムシフトを引き起こしている、もう一つの大きな理由が、現代における知が、より多様な場において生産されるものへと変化していることである。そのようななかで大学は、かつての知の生産をめぐる中心的な場としての意味を失いつつある。かつてヴァルター・ベンヤミンが正しく指摘していたように[2]、いま正に、複製技術が大衆にとって身近なツールとなるなかで、文化や社会、政治の書き手の主体（少なくともその生産手段）は、大衆に移り変わろうとしている。それによって、あらゆる場で、人々が、知の生産をはじめる状況が立ち現れている。SNSへの投稿や、携帯機器などを通じた写真・動画の撮影・編集・投稿・共有などは、いまこの瞬間にも、世界中で何億という単位で行われている。そのような現状のなかで、大学は、相対的に、知の保存装置としての意味を減衰させ、そして知の生産の場としての意味を変容させつつある。換言

（1）Fuller, R. B. (1969). *Operating Manual for Spaceship Earth*. New York, NY: Simon and Schuster.

（2）Benjamin, W. (1936). Das Kunstwerk im Zeitalter seiner technischen Reproduzierbarkeit. *Zeitschrift für Sozialforschung*, 5. English edition: Benjamin, W. (1999). The Work of Art in the Age of Mechanical Reproduction (trans: Zohn, H.). In H. Arendt (Ed.), *Illuminations*. (pp. 211-244). New York, NY: Schocken Books.

すれば、WikipediaやYouTubeに誰しもがアクセスしうる現代、大学の役割は大きく変わりつつある、とも言えるだろう。

これらの、知をめぐるパラダイムシフトの背景には、デジタル化やインターネットの普及、人口増に伴う情報量増加が存在することはいうまでもない。そして、それらとも密接に関わって引き起こされてきた、中央集権的国家や近代的イデオロギーといった既存の制度的枠組みの解体への動きなども大きな関わりを持っている。これらの動きの結果、いままで周縁化され、見過ごされてきた事物・行為も含めたさまざまな知や、人々が日々生み出す多様な知が、圧倒的な存在感を伴って、私たちの前に迫っている。むろん、一部の国々・地域では、近年、中央集権的国家体制の再強化への動きが、ポピュリズム的な言説の先導を伴って起きていることも確かである。それらの目論見は、断末魔の叫びにも似て衝撃的であるがゆえ、容易に看過できるものではない。また、転換期の混乱の間隙を突いて、莫大な利益を上げようとしているグローバル企業により、多様な知の生産の可能性が搾取され、限定化されようとしていることも問題である。ジグムント・バウマンらが指摘してきたように、グローバル化が進む「リキッド」な社会には、市場原理主義がより適合的である一方、税制や知的財産法をはじめとする法制度など社会的ルールの多くが、国家単位で構築されてきたがゆえの重要な課題である[3]。しかし、やはり、大きな流れとしては、いま知をめぐるパラダイムシフトが起こっていることに変わりはない。

このような知をめぐる枠組みの変化から見たとき、大学にとっての国際化やグローバル化とは、単なる国境を超えた人々の移動の増加という観点からのみ捉えるべき問題ではなくなる。国を超えた人の移動による知の交換は、知をめぐる大きなパラダイムシフトの重要な部分ではあるものの、しかし、それら知をめぐる転回の一部、あるいは手段として捉えるべきなのである。

3．「裸の王様」としての大学

ローカルな知の「発見」や、至る場所での知の生産は、大学の外部に存在する

---

[3] Bauman, Z. (2000). *Liquid Modernity*. Cambridge: Polity Press.

知をめぐる環境を一変させてきた。ところが、旧態依然とした大学の諸制度は、このパラダイムシフトにほとんど対応出来ていない。その結果、大学は、人々のあいだの新たな知を疎外し、それがゆえに、むしろ人々に疎外されはじめているようにも思われる。

いま大学は、かつての国民国家的近代の枠組みの中で構成された「正統的な知」を前提とし、研究・教育においてもそれらを過大視したまま、時代遅れの遺物となりつつある。特に変化のスピードへの対応が遅い人文社会科学を中心に、日本の大学は、もはや「化石」化しつつある、といったら言い過ぎだろうか。たしかに、欧米の大学を追随しながら、日本の大学においても、一部の大衆のあいだの知が制度化され、大学のなかに組み込まれたこともあった（例えば、文化の領域におけるサブカルチャー研究領域の制度化など）。だが結果的には、あくまで「正統的な知」の周縁に、それらを「飼い馴らし」、位置づけたにすぎなかった[4]。大学は、「ローカルな知」の都合の良い部分のみを征服し、自らの正当性を主張しようとしてきたのである。だが、実際には、現在のローカルな知の生産は、そのような大学の搾取を通じた権威的な立場の前提であることを大きく超えて、広がりつつある。結果、大学は、いまや人々にとって疎遠で、意味のないものへと変わりつつあるのではなかろうか。大学進学率の上昇と相反して、大学という知をめぐる場は、その知の偏りや古めかしい制度がゆえに、これまで以上に気取った、実質のないものとして見なされはじめてしまっているのではないか、ということである。

そして、それら大学における知の偏りは、大学という制度を無意味なものとするだけでなく、知をめぐる、より大きな問題を生む危険性をも孕んでいるように思われる。それは、大学という組織・制度への不信感が、知の前提となる多様性に基づく思考や、理性的なものへの信頼をも人々のあいだで薄れさせうるのではないか、ということである。例えば、昨今の日本における、大学不要論に象徴的に示されるように、大学への不信感が、知を持つことそのものへの懐疑にも結びついてしまうこともありうる。あるいは先述した、世界各地における、ポピュリズム的な中央集権的国家の再興を目論む虚しい試みが、しかし大きな力を持って

---

(4) 毛利嘉孝（2009）『ストリートの思想』NHK Books.

しまう背景についてはどうだろうか。そこには、理性的判断を訴える大学人ら「知識人」への反感が、人々が理性的に判断することを忌避する一因となっている側面もあるのではないだろうか。つまり、理性的に判断することの重要性を訴える呼びかけの中心にいることが多い、大学人ら旧来の「知識人」が、自らの知を過信しながら、人々の考えや困難に耳を傾けず、一方的に啓蒙するような態度を取ることで、逆に、反感や嘲笑の的となり、理性的に判断することそのものが否定されてしまう側面もあるのではなかろうか。すなわち、従来、知の中心としての意味を持っていた「大学」に対する不審は、知を持つことや、理性的に物事を考えることへの信頼をも損なわせかねないということである。

　現在の大学制度の知の偏りや、にもかかわらず大学制度（や大学人）が持っている知の独占者のような振る舞いへの嫌悪の高まりは、確かなものだと我々は感じている。エドゥアール・グリッサンは、かつて「関係としてのアイデンティティ」という言葉で、多元的で、クレオール化する現代社会において求められるべき人々の関係性の特徴を指摘した[5]。彼は、「関係としてのアイデンティティ」の特徴を、人々の関係によって構成される、カオス的網状組織の中に現れる〈供与〉する場としての素質を持つものとして描いた。一方、「関係としてのアイデンティティ」と対比されるのは、「根としてのアイデンティティ」である。「根としてのアイデンティティ」とは、他者を押しつぶし、引き裂くような、暴力的なアイデンティティであり、正統性や土地所有権の主張、征服の正当化などによって特徴づけられる。現代の大学組織は、グリッサンが言うところの「根としてのアイデンティティ」を強化する側の権力、あるいは機関として、人々の知を疎外している、そして、それがゆえに、むしろ人々から疎外されはじめているのではなかろうか。そしてその事実を知らないのは、大学人だけなのかもしれない。すなわち、いまや大学は、「裸の王様」となりつつあるのではないか。むろん昔から、変人奇人としての学者らに対する揶揄や嘲笑は存在してきた。しかし、その度合いが、大学が保持する知の相対的な縮減と、にもかかわらず、その権威的な立ち振る舞いによって、より増しつつあるのではないか、ということである。

(5) Glissant, É. (1990) *Poétique de la Relation*. Paris: Editions Gallimard. Glissant, Édouard. *Poetics of Relation*. Trans. Betsy Wing. Ann Arbor: University of Michigan Press.

だとすれば、このような時代に、私たち大学人はいま、何をしていったら良いだろうか？　「関係としてのアイデンティティ」に支えられた大学を構想することは果たして可能か？

4.「相互地域学（Inter-local Studies）」としての「地球地域学」構築に向けて

　インターローカルを通じた知への着眼は、ローカルな知の融合を通じて知の再編を促すことで、既存の大学制度などが取ってきた知をめぐる中心主義的な立場に対する、対抗軸の一つになりうるだろう。知をめぐるインターローカルとは、断片化しながらも遍在する知や、知の生産をすくい取り、それらを互いに関連付け、ネットワーク化することによって、新たな知を生産することを助けるための枠組みである。言い換えれば、WikipediaやYouTubeを見ているだけではわからないような、生きた、隠されたローカルな知（実践知や現場知、暗黙知など）をすくい上げたり、それらを関連づけたりしながら、新たな知の生産を図るための「媒介者」的役割を果たす視点ともいえる。大学にはいま、旧来の制度に対し、そのようなローカルな知の「媒介者」としての立場をとる新たな挑戦が求められているのではなかろうか。すなわち、大学を、「関係としてのアイデンティティ」を媒介し、創発する場へと変えるための実践が求められているはずだ、ということである。そこには、相対的には縮減しつつも蓄積されてきた従来の大学の知と、いま立ち現れている新たな知との融合が図られるとともに、大学の数少ない財産である「知の扱い方をめぐる技法」を通じて、ローカルな知が持つ意味や背景を問い直すといった営為などが含まれる。ローカルな知同士がぶつかり、関連づけられ、あるいはその背景が問われることで、これまでの知の生産以上に多様で、刺激に満ちた知を生み出すことを媒介しようとする野心的な試みが、知をめぐるインターローカルへの着眼には含まれている。既存の知の枠組みを固持して変化しない大学像の、対抗的な知のネットワークづくりのための「媒介者」的立場としての大学像が、そこにある。

　さらに言えば、このようなインターローカルな知の生産に向けた試みは、新たな知の体系をも生みうるだろう。すでに本書（4頁）において一部述べられてき

たように、実は、日本における「地域学」構築を目指す動きのなかでは、これまでに、周縁化されていた人々や環境をめぐる知の生産に目を向け、それらをすくい上げ、関連づけることが試みられてきた[6]。それらと、大学が保持してきた知の体系や、知の扱い方をめぐる技法を組み合わせることで、新たな知の体系化を図る模索がなされてきたのである。しかし、その問題意識の先進性の一方で、それらはこれまで、どちらかと言えば、国内地域におけるローカルな知の実践を大学がまとめる、といったアプローチに止まっていたことも否めない。すなわち、大学という場や関わる人々が媒介となった、新たな知の生産に向けた取り組みは限定的であったようにも思われる。なかでも、海外へ目を向けた展開は、(理念上、あるいは先駆的な事例は見られるものの) 既存の地域学においては、あくまで周縁的な存在に止まっていた。それらの限界は、前述したように、日本の大学制度が、あくまでも中央集権的な研究・教育機関として構想されたがゆえに、その枠組み内で「正統的な知」を扱う場として機能してきたという制約が存在したことに起因する部分もあろう。あるいは、そのような地域学を構想しはじめた人々が、いわゆる地方大学に所属している場合が多かったにもかかわらず、既存の地方大学の役割や、中央政府をはじめとする政策の方向性が、国内・地元志向の人材を育てることに向けられてきたためであるかもしれない (本書5頁も参照)。

　知をめぐるインターローカルへの視点は、そのような地域学の試みを、大きく飛躍させる可能性を持つのではなかろうか。それは、国家単位ではない、地域レベルでの (国家・地域を超えた) ローカルな知の発見や結びつけを通じた教育研究の推進が、疲弊した既存の大学制度そのものの前提を問い、突き崩す原動力ともなりうるからだ。自国・地域において当たり前の知識が、他国・地域においては全く通用しないことは、本書で各節を通じて多くの著者が述べてきた通りである。そのような「非常識」との接続が、自らの常識を変え、ひいては制度的な変化を引き起こしていく可能性は十分ある。そのような変化が、ある閾値を超えたとき、大学は、異なる地域に住まう人々の関係性に支えられた、新たな知を生産する、あるいはそれを支援する場としての意味を獲得することができるはずであ

---

(6) 例えば、柳原邦光・光多長温・家中 茂・仲野 誠編著 (2011)『地域学入門―〈つながり〉をとりもどす』ミネルヴァ書房、には、そのための実践や知見が多数含まれている。

る。その中心にこそ、「インターローカル・スタディーズ（Inter-local Studies）＝相互地域学」と呼ぶべき、ローカルな知の混淆を通じた新たな知の体系化の枠組みが現出するだろう。そして、そのような「相互地域学」が多様に折り重なった先にこそ、「地域を見つめる目の複眼化」を通じた「地球地域学」（本書5頁）が構想されていくはずである。

　たしかに、これまでの大学における知の枠組みと比べれば、ローカルな知、市民による知の生産は、マイナーで未熟な取り組みに見えるかもしれない。あるいは、それらの結びつきは、世界各地の有象無象のマイノリティたちによる知の結びつきに過ぎないかもしれない。しかし、マイノリティの紐帯や、そこに見出される知の結びつきこそが、見ようとしなかった（あるいは、見せられてこなかった）、旧来の制度を変容させる原動力になり、そして新しい社会像を顕在化させると我々は強く信じている。

　そのように見ると本書には、学生や教職員ら大学に関わる人々が、世界各所の地域に存在する知や、日々生み出されるローカルな知を、相互に結びつけるために必要な知恵や技法が、多数、含まれていることに気づく。それらには、新たな知をめぐる場としての大学像、すなわち、世界各地の人々や事物の関係性をつなぐことによってもたらされる知を媒介する場としての、新たな大学像が、すでに透けて見えているはずである。

〔小泉元宏・仲野 誠〕

あとがき

　編者を含め、本書の執筆者の多くが所属する鳥取大学地域学部は2004年に発足した。昨今、各地で誕生している地域系の学部の中でも比較的古い部類に入る。地域学部では発足以来、地域学やそれらを構成する地域政策、地域教育、地域文化、地域環境という研究領域や教育システムをどのように作り上げていくか、他の地域系の大学からは"原理主義"とも評される熱心な議論を行ってきた。そしてその成果として『地域政策入門』（ミネルヴァ書房、2008年）、『地域環境学への招待』（三恵社、2009年）、『地域学入門』（ミネルヴァ書房、2011年）を世に出してきた。

　地域学とは何かという議論はこれらの成果にゆずるが、元来、地域とは国内のローカルにとどまらず、相応程度の広がりをもつ、空間的には可変的な概念である。例えば経済分野における「地域統合」や「地域化」で表現される地域は、EU（ヨーロッパ連合）やASEAN（東南アジア諸国連合）といった一国を超えた地域である捉え方からも分かるであろう。

　にもかかわらず、地域学部へ入学してくる学生にとって関心がある地域とは、出身地をはじめとする国内のローカルな地域であり、「内向き志向」が見え隠れしていた。そうしたローカル志向が強い学生を多く抱える地域学部ならではの海外戦略を考えるべく、我々は2010年から当時の矢部敏昭学部長の下でワーキンググループを発足させて議論を重ねてきた。その結果が本書によってあらわそうとした「インターローカル」という考え方であり、それを教育システムとして具現化したのが「海外フィールド演習」をいう仕掛けである。

　実際に教育システムとして動かそうとすると、受講生の海外経験や海外への心理的ハードルの高低、地域調査力、語学力など様々な要因による課題に直面した。それを一つ一つ解決していった中から得た知見が、第2部で紹介したトピックスである。これらのトピックスは第3部で紹介した教員自身の留学経験や研究プロジェクトのプロセスの中で会得した様々な情報やスキルが基礎にあることは言うまでもない。「海外フィールド演習」を継続していくと、『なぜいま「インターロー

カル」なのか??』にでも述べたとおり、実は学生たちの「内向き志向」は「海外」を知る上で障壁となるものではなく、むしろチャンスとして前向きに捉えられるものであることも分かってきた。第 1 部にある卒業生の"物語"からもこのことは垣間みることができる。

　このような"思い"や経験から企画をした本書であるが、「インターローカル」という思考への共感と、それを具現化する上で必要となる小さなノウハウが読者諸氏へ届いたのであれば、私たちにとってこの上ない喜びである。本書のような、ある意味チャレンジングな出版企画について当初より相談にのってもらい、出版までもお引き受けいただいた筑波書房の鶴見治彦社長に、あらためて深甚の謝意を表したい。

　最後に、本書の編集中に届いた仲野 誠先生の訃報に触れさせていただきたい。地域学部における海外戦略の検討から「海外フィールド演習」の実施、そして本書の企画にいたるまで、中心的な役割を果たしてくださった仲野先生が2016年10月に帰らぬ人となった。バランス感覚に優れ、我々編者の"いい兄貴分"であった仲野先生が抜けた穴は、「インターローカル」という考え方を広めていく上でも大きいものである。しかし急なお願いながら心よく筆をとって下さった立教大学の小泉元宏先生（前鳥取大学地域学部准教授）の尽力により、本書のいたるところに仲野先生が遺された知見をちりばめることができた。それらが伝播して花開くように広がっていってくれることであろう。こころざし半ばで亡くなられた仲野先生の冥福を祈りつつ、本書を霊前に捧げたい。

2017年 3 月

編者一同

【執筆者一覧（五十音順）】

足立和美　鳥取大学地域学部教授。専門は英語教育学。
李 素妍（イ ソヨン）　鳥取大学地域学部准教授。専門は文化財保存科学。
伊藤紀恵　ムハマディア ハムカ大学（インドネシア）日本語教師。
茨木 透　鳥取大学地域学部准教授。専門は文化人類学。
小笠原 拓《編者・後掲》
岡村知子　鳥取大学地域学部准教授。専門は日本近代文学。
柿内真紀　鳥取大学教員養成センター准教授。専門は比較教育学。
ケイツ A キップ（Kip A. Cates）　鳥取大学地域学部教授。専門はグローバル教育。
小泉元宏　立教大学社会学部准教授。専門は文化政策論。
小玉芳敬　鳥取大学地域学部教授。専門は地形学。
菅森義晃　鳥取大学地域学部講師。専門は地質学。
関 耕二　鳥取大学地域学部准教授。専門は運動生理学。
田川公太朗《編者・後掲》
田村純一　鳥取大学地域学部教授。有機化学。
筒井一伸《編者・後掲》
土井康作　鳥取大学地域学部教授。専門は技術教育学。
中 朋美《編者・後掲》
仲野 誠　鳥取大学地域学部教授。専門は社会学。（2016年逝去）
永松 大《編者・後掲》
長柄裕美　鳥取大学地域学部准教授。専門は英文学。
馬場 芳　鳥取大学地域学部准教授。専門は経営学。
柳原邦光　鳥取大学地域学部教授。専門はフランス近代史。

【編著者】

中 朋美（なか ともみ）
鳥取大学地域学部准教授。Ph.D（Anthropology）。専門は人類学・アメリカ研究。
アイオワ大学大学院修了。1975年生まれ。

小笠原 拓（おがさわら たく）
鳥取大学地域学部准教授。博士（学術）。専門は国語教育学・教育史。
神戸大学大学院修了。1972年生まれ。

田川公太朗（たがわ こうたろう）
鳥取大学地域学部准教授。博士（工学）。専門は自然エネルギー工学。
九州大学大学院修了。1972年生まれ。

筒井一伸（つつい かずのぶ）
鳥取大学地域学部准教授。博士（文学）。専門は農村地理学・地域経済論。
大阪市立大学大学院修了。1974年生まれ。

永松 大（ながまつ だい）
鳥取大学地域学部教授。博士（理学）。専門は植物生態学・保全生物学。
東北大学大学院修了。1969年生まれ。

インターローカル
つながる地域と海外

2017年3月31日　第1版第1刷発行

　　　編著者　中 朋美・小笠原 拓・田川公太朗・筒井一伸・永松 大
　　　発行者　鶴見 治彦
　　　発行所　筑波書房
　　　　　　　東京都新宿区神楽坂2－19 銀鈴会館
　　　　　　　〒162-0825
　　　　　　　電話03（3267）8599
　　　　　　　郵便振替00150-3-39715
　　　　　　　http://www.tsukuba-shobo.co.jp

定価はカバーに表示してあります

印刷／製本　平河工業社
© 2017 Printed in Japan
ISBN978-4-8119-0505-1 C0036